税理士を代表して
金融機関の友人100人に
「銀行融資」について
教わってきました

税理士　岩田 まり子　著　Mariko Iwata

リンケージ・パブリッシング

はじめに

　中小企業の社長さんにとって、税理士とはどんな存在でしょうか？

　私は、端的に言うと「相談相手」なのではないかと思います。社長さんたちは税務や会計の相談はもちろん、労務、法務、そして融資の問題まで、いろいろなことを私たち税理士に相談してきてくれます。

　「困った時に頼ってくれる」ということは非常にありがたいことです。

　私は、税理士という立場からお客さんと金融機関の双方と密接なコミュニケーションをすることを通して、円滑な融資をサポートしています。

　融資というものは「貸してくれ」と言ってすぐに対応してくれるものではありません。金融機関は「この会社に融資をしても大丈夫か」を判断するため、いろいろな角度から企業をチェックしています。そんな金融機関にとって〝相談役〟である税理士は貴重な情報源といえるでしょう。また、税理士にとっても、お客さんが必要としている融資をサポートすることは大切な業務のひとつといえます。つまり、金融機関と密なコミュニケーションを取り、融資について知ることは、顧問先であるお客さんの利益につながっているのです。ところが、実際の税理士と金融機関の関係性は残念ながらスムーズにいっているとは言い難いものがあります。税理士的立場（税務を中心にした顧客のサポート）と、金融機関的立場（融資を中心にした顧客のサポート）がぶつかり合い、お互いに苦手意識を持ってしまっているケースもあります。

　しかし税理士と金融機関の反目はお客さんの利益にはなりません。お客さんの利益とはすなわち税理士（金融機関）の利益にほかなりませんから、これはもったいないことだと思います。

　私は昔、自分の作った決算書が「これで本当に金融機関からの見え方がいいのですか？」と問われ、何も言えなくなってしまったことがあります。そこから徹底的に金融機関について研究しました。その方法は〝金融機関の人に直接質問する〟というものでした。知り合いの日本政策金融公庫の方に電話して、金融機関の人間を紹介してくれと頼みました。

紹介された方をはじめ、何人もの金融機関の人と話しました。

　話を聞く中でこだわったのは「本当にそうなのか」という実証的な視点です。セミナーや本で得た知識が嘘とは言いませんが、百聞は一見に如かずという言葉の通り、実際にやってみるなり、当事者に聞いてみるなりしないと実務では役に立ちません。何より私が納得できないのです。それまで「そんなものだから」と勝手に納得していたような、国内送金と外国送金の手数料の違いについてといった小さなことまで質問しました。その時に融資のこと（例えば「お金を借りたいときは最初に何をすればいいのか」とか、「最初は誰に、どう話せばいいのか？」、「こちらから借りたいと声をかけるとマイナスイメージを持たれるのか？」、「金利ばかりに目がいくけど、金利以外に確認することはあるのか？」など）も聞きました。初歩的なことかもしれないけど、意外と聞きにくいことをズバズバ質問していきました。毎日膨大な時間を質問に費やすことで、金融機関について多くのことを知ることができました。ただ、情報によっては鮮度が重要なものもあるので「その都度聞くことができる相手を得た」ということが一番の収穫ともいえます。

　金融機関に信頼できる情報源をたくさん持っておくことは、税理士として大きな強みになります。わざわざ仕事の時間を割いてセミナーへ行かずとも、仕事の時間内で金融機関の方々とコミュニケーションを取れば鮮度が高く有用な情報はいくらでも得ることができます。この情報ネットワークが税理士としての私の強みになっています。

　なぜなら税理士のお客さんである中小企業の社長は、金融機関関係の問題について私と同じ答えを出すのにもっと多くの時間を要するからです。社長が付き合う金融機関の人（情報源）は税理士よりも圧倒的に少ないのです。いくら複数の金融機関と付き合いがあっても、飛び込み営業の人と仲良くなっても、数は限られます。一方で税理士は顧問先企業の金融機関担当者全員と出会えるチャンスがあります。

　とはいえ、税理士の方でも情報源を作り、有用な情報を集めるのは相応の時間を必要とします。そこで本書では、私の持つ情報源に根掘り葉

掘り聞いたことを一挙に公開しました。

　第1章は税理士が融資を知ることで経営者に喜ばれる理由をご紹介します。税理士と経営者双方にとっての「融資」を考えてみましょう。

　第2章、第3章では融資と密接な関係にある「決算書」について解説します。漫然と決算書を作るのではなく、"強い決算書"を作ることで、金融機関とのコミュニケーションがスムーズになることでしょう。

　第4章、第5章では、金融機関が考えていることを、実際に金融機関の方々とコミュニケーションする時に役立つ情報としてご紹介しています。岩田流・情報収集術も伝授しますので、ご自身でも"情報源"が持てるようになります。

　第6章では、企業のステージ別で金融機関とどのように付き合うかをご紹介します。また、社会の現状における税理士の位置づけから金融機関との関係についても考察しました。

　私は、金融機関と税理士がすれ違ってしまっている現状がもったいないと思っています。両者とも顧客である中小企業経営者の力になりたいと思っているはずです。それなのに敵視していたり、苦手意識を持っていたりするのはお互いのためにもなっていないと思いませんか。

　税理士と金融機関が円滑なコミュニケーションを取ることは、間違いなく顧問先の役に立ちます。中小企業にとって融資は、創業時の支援や成長期のカンフル剤、赤字になってしまった時の緊急対策、事業承継を成功させる資金など、多くのケースで求められます。必要な時に融資を受けられることは、中小企業にとって大きな武器になるのです。

　税理士は今後、金融機関と協力して中小企業をサポートしていくべきだと思います。本書が、税理士と金融機関が円滑なコミュニケーションをするための一助になれば幸甚です。そして税理士と金融機関の"輪"を広げていくことができれば、これにまさる喜びはありません。

2019年12月吉日

　　　　　　　　　　　　　　　　　　税理士　岩田まり子

目　次

第6章　ステージ別 金融機関との付き合い方

第1章

「融資」について知ることが
経営者に喜ばれる理由

1 お客さんが借金している割合から分かる融資の重要性

中小企業の社長さんの多くが "融資" と付き合い、悩んでいます。
そんななか、税理士は "税の専門家" というだけでいいのでしょうか？

（1）無借金経営の会社は多い？　少ない？

　税理士のクライアントは中小企業が中心です。

　税理士の方は思い出してみてください。自分のお客さん、事務所のお客さん、知り合いの税理士のお客さん、どれだけのお客さんが無借金経営されているでしょうか。2019 年の中小企業白書によると、2017 年の中小企業の無借金率は 34.2％となっています。

　多いと感じますか？　それとも少ないと感じますか？

　個人的には「自分の肌感覚より多くの会社が無借金なのだな」という印象を受けました。

　こうした "ずれ" の背景には、社長 1 人で運営されているような会社や、資金を要しない業種などもあるからと考えられます。しかし、この統計から考えても全体の約 2/3 の中小企業は何かしらの借入があるということです。つまり、**税理士のお客さんの約 2/3 が金融機関からの融資と付き合い、時に悩んだりしている**ということなのです。たとえ社長が 1 人で頑張っているような会社でも、日本政策金融公庫とか地元の信用金庫とか、何かしら少額の融資を受け、毎月返済しながら経営されている会社も多いですよね。

　日本に名前も分からないような金融機関が多くあるのも、人々がそれだけ金融機関というものを必要としているからでしょう。

　多くのお客さんが悩む対象としている以上、税理士はある程度金融機

関についての知識を持たねばならない、と私は考えます。たとえ難しい問題は分からなくても、**融資がどういうものかくらいは知っておかないと、お客さんの悩みの整理さえできません**。逆に、整理できる知識があれば十分でもあります。

　お客さんである社長が抱える融資についての悩みの大半は、「そもそもどうしたらいいか分からない」であるため、大変ストレスがかかります。つまり、社長にとってあまり時間を割きたくないものなのです。そんな時間があれば、売上利益の確保をしたいですよね。

　ですから、税理士がお客さんに代わって融資の「どうしたらいいか」という部分を担当していくことは、お客さんにとって大変有用なことなのです。

(2) 顧客のステージ、動向によって変わる融資と相談内容

　一口に融資の相談といっても様々です。

　社長1人で頑張っている会社と、従業員が100人いる会社では規模の違いから相談内容も変わるでしょう。業種の違いや、設備投資として必要なのか、運転資金として必要なのかということでも相談の中身は変わります。社長がただ「お金を借りたい」と相談してきたとしても、内容は千差万別で、全てがケースバイケースであるといえます。

　例えば、「1000万円を借りたい」という相談でも、売上10億円の会社の1000万円と売上5000万円の会社の1000万円は違いますし、機械等の設備を買うための1000万円と人件費等の1000万円は意味合いが変わってきます。毎期順調に黒字決算をしている会社と黒字と赤字を繰り返す会社、はたまた赤字が連続している会社でも違います。創業期の会社と10期以上の期数を重ねている会社も違います。

　結果として、借りられたかどうかということにはなるのですが、その過程において、必要な資料が変わったり、金融機関からの質問が変わったりと、融資というものは会社によって本当に様々なのです。

「A 社が〇〇銀行で簡単に借りられたらしい」という話が必ずしも「B社」に当てはまるわけではないのです。ただし、当てはまる可能性もあります。

　結局のところ、「A 社が〇〇銀行で簡単に借りられたらしい」という情報に対して自社はどうか、ということは「結局は融資を申し込みしてみないと分からない」ということになるのです。

2 多くの税理士は借金の機会がない!?

> 税理士は、顧問先から様々な相談を受けます。融資についてもその
> ひとつ。しかし税理士は金融機関との付き合いが薄い業種でもある
> のです。

(1) 税理士は開業コストがかからない

　私たち税理士は、日々の業務において、お客さんから融資について相談を受けています。しかし、実際に自身で融資を受ける経験をしているかというと、お客さんと比べて圧倒的に頻度は少ないといえるでしょう。

　私たち士業はそもそも開業コストがかかりません。士業だけでなく、知識等を売りものとしているタイプの事業であるコンサルタントの方などもそうですよね。

　こうした事業の場合、パソコンと業務ソフトがあれば、大体のことができてしまいますし、コストのほとんどが事務所家賃と人件費なので、自宅で開業したり、当初は自分1人で働くことを選択すると、ほぼコストがかからないということになります。

　日本税理士会連合会の2016年のデータによると日本の1税理士事務所当たりの税理士数の全国平均は2.7人です。ほとんどが小規模な事務所ということです。

　ですから、コスト変動に関しても、ほとんどないといえるでしょう。

(2) 経営上、借金に関わる機会が少ない

　税理士業は、ありがたいことに顧問料という比較的安定的な収入があり、ほぼ毎月振り込みや自動引き落としなどで回収でき、手形などのように回収が長期にわたることもありません。事業の拡大や、何かに特化

しようとされる場合は、それに応じた設備投資が必要かもしれません。しかしそれでも、他の業種に比べるとやはり事業への投資機会は少ないといえます。また売上回収も多少の遅れはあっても基本的にはスムーズなので、運転資金を大きく要することもありません。

　したがって、税理士業そのものを経営している上では、他の業種に比べて融資を受ける機会が少ないのです。融資を受ける機会が少ないということは、自身の事業が金融機関と付き合うのは預金取引だけというケースも珍しくないのです。

　預金取引だけが金融機関との付き合いである場合、基本的に取り引きのために担当者が出入りすることは少ないでしょう（税理士事務所には金融機関の営業担当者が飛び込みで来たりすることは多々あります。これに関しては第4章でも書きます）。

　つまり、税理士という職業は、自身の経営という面からいうと金融機関との接点が非常に薄い。しかし、お客さんから金融機関のことで相談を受けることが多く、知識としては得ておく必要がある。そんな状況にあるので、たくさんの金融機関関連セミナーが税理士向けに開催されていたり、税理士を対象にした金融機関とのお付き合いを支援するお仕事が存在しているのです。

3 融資を理解しないまま 税理士業務を続ける危うさ

今後、税理士を続けていくなかで、融資に関する知識と金融機関との付き合いは避けて通れない要素になっています。

（1）融資の相談を受ける回数を数えてみてください

先にご紹介した「中小企業白書」のデータから分かるように約 2/3 のお客さんが金融機関からの融資と向き合っています。したがって、税理士は意識してみると結構な頻度で融資について相談を受けていることに気づくと思います。

「今の資金繰りがしんどいので、何とか資金繰りを楽にしたい」

「来年ぐらいに新しくお店を出したい」

「新しい機械を買いたい」

といった、たくさんのご相談を受けているのではないでしょうか。1社あたりの相談が年1回とも限りません。年2回、3回と相談してくるお客さんもいるでしょう。そうなると、お客さんの件数×1.5 とか×2 とかもあり得るのです。それも、毎年あることです。

どのぐらい相談があるのか、私も実際に意識していない時期に関しては、相談があったと記憶している程度で、何件かなどは把握していませんでした。しかし意識してみると、私の事務所は街の普通の税理士事務所ですが、平日5日のうち、金融機関の人とお客さんの融資に関して話さない日は2日あるかないかです。正直、ほぼ毎日と言っていいですし、たくさんの金融機関の人と話しているので、1日1人なんてこともありません。

「いやいや、特別に借入過多な会社が多いんじゃないの？」

と思われるかもしれませんが、そんなことはありません。あえて理由を探すのであれば、相談者は借りるかどうかという状態の前から、融資を受けることについて想定し、相談しているからだと思います。融資を受けることの相談は、意識してみると意外に多いものなのです。

　ただ、本書を手に取って読んでいる時点で読者の皆さんは融資についての相談が多いことは認識されていると思います。実際、結構多いですよね？

（2）今こそ適正なアドバイスが求められている

　金融機関に勤めていた税理士でない限りは、基本的に金融機関の実情を知る機会はありません。「元金融機関の○○が教える……」みたいなセミナーや勉強会が本当にたくさんあります。たくさんある、ということは、やはりみんな気になっている、知りたいということを意味しているのだと思います。実際、私も気になって参加したことがあります。本を読んだこともありました。そのなかで、なるほどと思うこともありましたし、素晴らしいなと思うこともありました。ただ、「それは本当なのか」と疑問に感じたり、自分のお客さんのケースに当てはめたときに、「応用するのは難しいな」と思ったりしたのです。

　何が「難しい」のか。自分のお客さんのケースは、セミナーで聞いた事例と一致しないからです。もちろん、似たケースというものはあると思います。しかし、全く同じケースなどは存在しないのです。あの人が取り組んで成功した事例は、自分が目の当たりにしているケースで取り組んでみたとき、成功するとは限らない。考えてみれば当然のことですよね。

　しかし、分からないなりに、自分で実際に挑戦してみるしか方法はないのです。ただ、お客さんに関わることなので、「全力で頑張りました！でも失敗しました！」というわけにはいきません。実際、うまくいかないこともありますが、"うまくいかない"という程度の問題でもあります。

　お客さんの相談を聞き、表面的な情報で「おそらく○○だと思いますと答えることが、お客さんから求められている回答になっているのだろうか？」私のなかでそれが常に疑問でした。そして会社の社長にも、私たちにも漠然とある「金融機関の人達にどこまで話していいの？　話してしまうとかえってデメリットになってしまうんじゃないの？」という不安感。

　どの情報までを正確に提供すれば最良であるのか。逆に言ってはいけない情報があるのか。例えば、税務調査などでも同じような状況に置かれることがあります。脱税のような真っ黒な事象ではないにしろ、多かれ少なかれ、中小企業としては税務調査官に突かれたくないポイントがあることでしょう。こういうときにも手元にある資料で、どのように戦うかが大きな鍵となります。

　実際、以前の私にとって金融機関の対応は税務調査と同じような感覚でした。「与えられた情報で金融機関とどのように戦うのか」そう思っていました。しかし、本当にそうでしょうか。**金融機関は戦うべき相手なのでしょうか。**

　知りたいけれど、教えてと言えない。セミナーなり、本なりで黙々と己を強化するより他がないのだと考えていたのです。

4 無借金が正しいわけではない

"借金" を毛嫌いする人がいます（私もその一人）。しかし、社長さんは経営のためだけでなく、人生を守るために借金をする時があるのです。

(1) 早期返済は成長の妨げになることも

　もし「借金は好きですか？」と聞かれたら、ほとんどの人が「好きではない」と答えると思います。私はクレジットカードを使って、後日落ちるまでの期間ですら借金を負っているように感じるぐらい借金という概念が好きではありません。人によっては、生活に必要な住宅を購入するためのローンでさえ、マイホームという喜びや楽しみと同じくらい、借金への覚悟や負担を感じるものです。

　融資を受けるということは、資金が枯渇する緊張感からは解放されますが、返済期間を通じて、立ち止まれない義務を背負います。ですから、会社経営者が受ける融資とは、自ら積極的に望んでいるわけではなく「融資を受ける必要がある、そうせねばならない状況である」というケースがほとんどです。したがって、「無借金を目指す」ということそのものは、いいことだと思います。しかし、それを会社の最大の目的にすることができるのは限られた会社ではないでしょうか。

　会社には様々なステージがあります。設立まもない創業期、会社がどんどん大きくなってくる成長期、会社が組織として安定してくる円熟期などです。会社が大きな成長を経て、安定した円熟期を迎えない限り、創業期も成長期も売上より先にお金が必要となることが多いものです。金融機関からの支援がなければ、成長に遅れが出たり、そもそも拡大ができないということもあるでしょう。そのような状況で、資金繰りを逼

迫させてまで借金の早期返済をするということは、本来の目的＝会社の成長から考えて本末転倒になることもあります。

　会社の成長のために、存続のために、融資とうまく付き合っていくということは会社経営において、必要不可欠なことであると思います。そう、**融資と付き合っていくためにも、金融機関は企業の大事なビジネスパートナーなのです。**

　過度に情報を隠し、敵だと構えていては、パートナーと良好な関係は築けません。

(2) 経営の必要手段としての借金

　会社を経営する場合、必ずしもお金がないからお金を借りるわけではありません。社長や経営に関わる人達がお金をたくさん持っていて、それを事業に投下して運営できても、一度は融資を検討すべきだと思います。なぜかというと、個人資金は有限だからです（何十億円も個人資産があって、事業に投下しても全く支障がないということであれば話は別ですが）。会社に不測の事態があって、経営が傾いてしまったとき、残念ながら金融機関から資金を調達するのは大変難しくなってしまいます。また、社長個人の資産を事業に投下することは、生計を守るという点からも注意が必要です。

　株式会社は有限責任です。これは、万一の場合、株主は出資分までの負担でいいということを意味します。必要以上に個人がその負担を背負わないでいいようになっているわけです。

　会社が赤字に陥って、社長が倒産を選択したとしても、その全ての借金を個人が背負う必要はありません（ただ、融資の際に代表者保証という社長個人の保証を取るケースもあり、会社の破産と社長個人の破産が同義ということもあります）。有限責任である以上、破産してしまえば、社長個人はやり直すことも可能です。一度の失敗で、人生全てを失うということがあってはなりません。ただし、本当にお金が無くなってしま

うと破産すらできなくなってしまいます。ですから、金融機関との関係性を作っておくうえで、個人のお金があっても金融機関の融資をあえて利用することも必要です。

　いざというときに頼れる金融機関がないと、会社の経営判断のスピードに影響します。不測の事態や、ビッグチャンスのときに、現金を用意するため金融機関を探すことからしているようでは、時間のロスでしかありません。また、仮にいざというときが来なくても、手元資金がギリギリで事業を運営していると、取引先の入金があるか無いかでハラハラしたり、イレギュラーな支払いが来る事にドキドキしたり、経営に集中できません。

　したがって、無意味に資金をダブつかせておく必要はありませんが、経営に集中するためにも、手元資金が心もとないならば融資を受けておくほうがベターという場合があるのです。

5 必見！ 融資のポイント確認項目

> 融資を受ける際に確認することを4つの切り口から解説します。
> 細かいことは後にして、まずはここからチェック！

　私は融資の細かいことは知らなくていい！　と思っています。ただ残念ながら、最低限のことを知らなければ金融機関の担当者と会話すら成立しない部分もあります。とはいえ、ご安心ください。細かいことは基本的に覚えなくて大丈夫です。基礎的な部分は本書に書いてあります。そのレベルで私も苦労していません。ここでは、お客さんが融資を受けるタイミングで、何を確認すればいいのかをお話しましょう。

　融資を受ける際、知っておくこと、確認しておくことは何でしょうか。融資については、第3章で細かく説明していますが、まず、以下のポイントを確認しておきましょう。

①どのような融資を受けているのか確認

　まずは現在借りている返済予定表や金銭消費貸借契約書を集めましょう。それを一覧にしていきます。

- どこの金融機関から
- いつ
- いくら
- 最終返済期限
- 月返済額、年返済額
- 金利
- 借入種別（プロパー、保証協会など）

どういう形式でも問題ありません。このリストを書き出しておきます。有担保であれば、担保物に関しても備忘をしておくといいと思います。

中小企業において、社長と会社は一蓮托生というケースが多く見られます。社長個人の資産と借入についてもザックリとでいいので把握しておきましょう。個人の借入が多ければ、会社が融資を受ける際のマイナス要因として影響することもありますし、逆に個人の資産が多ければ、プラス要因になることもあります。個人のローンの支払いが遅れていたり、支払い自体を怠っていたりすると個人信用情報というものから把握されてしまいます。過去のクレジット等の返済状況で不安がある場合は事前に確認してもらったほうがいいかもしれません。確認方法は「CIC」というもので、インターネットや郵送、窓口で確認することも可能です。社長自身で情報を取得する場合はすぐ確認できます。開示の際は窓口では手数料500円、それ以外の方法では、クレジット決済などで1000円が必要です。

②いつ、いくら、何のために必要か確認

必要期日までに融資を受けられないと大問題です。したがって、いつまでに、いくら、また何のために必要かを確認しなければいけません。

通常、融資に関してはスムーズにいっても1カ月〜1カ月半くらいは必要です。ギリギリになって焦らないように、3カ月程度前から動いておくと安心でしょう。

③どこに話すか

どの金融機関に話すのかを決めます。

最初にどの金融機関へ相談するのかは大変重要です（詳細は3章をご覧ください）。相談の順序を間違ってしまうと、余裕を持ってスタートしたはずの資金調達もギリギリになってしまったり、最悪間に合わないという事態も生じます。

④諸資料の準備

これは確認することというよりも、事前に準備しておくものです。

・会社の概要が分かるもの

・決算書 2〜3 期分

・保有固定資産の固定資産税の課税状況が分かるもの

・投資であれば見積書

・履歴事項全部証明書、定款など

大体上記のものが必要となってきます。すでに取引のある銀行の場合、こうした資料全てが必要というわけではなく、一部のみで大丈夫な場合もあります。

それと、提出する金融機関になぜ提出しなければならないのか、なぜ必要なのかも聞いてみるといいでしょう。金融機関の担当者が税理士に資料提出を求めた場合、資料に不足があるとよく聞きます。どうしてそんなことになるかというと、金融機関担当者は「決算書をください」という表現をすることが多いからです。この表現を真に受けて、本当に決算書しか渡さないのは NG です。

この場合の「決算書」は「決算書＋申告書」を意味します。また、申告書は税務署の受付印があるもの、電子申告をしたことが分かるものが必要です。きちんと申告したもの、つまり正規のものを提出していますという証明が「受付印」であり、電子申告をしたことが分かるものが「メール詳細」です。3 章で解説することになる資金繰り表も、キャッシュフロー計算書を出しても意味がありません。

何のために資料を提供するのか。当たり前ですが、そこを把握することが大事で、分からなければ聞けばいいのです。

例えば、「会社の概要」は商流を知るためです。売上における入金までの期間や、仕入れ等における支払いまでの期間が分かれば、所要運転資金の目安が取れますし、同業でのデータ比較もできます。

「決算書」は金融機関が会社をスコアリングするためです。詳しくは

本書の3章にある「金融機関は格付のために決算書のどこを見ているのか（46ページ）」で解説します。

「保有固定資産の固定資産税の課税状況が分かるもの」は担保が取れそうなものを確認するために使います。

「見積書」は設備投資額を知ることで必要な資金調達額を確認するのに使います。

「履歴事項全部証明書、定款など」は、会社の本店、支店等の状況と役員の状況を見るためです。

提出資料に関しては、金融機関が変わっても基本的に上記と同じです。また時代によって大きく変化することもありません。これは1回聞いて確認できれば十分なのです。気になる部分があるなら、一度きちんと確認するといいと思います。

第2章

税理士が把握すべき
決算書の中身とは!?

1 なぜ決算書が必要なのか

「決算書の重要性」は各所で語られますが、具体的に何で必要なのでしょうか？ 金融機関にとってどういうものかも確認しましょう。

　金融機関が企業と付き合う際に全ての判断の基礎となり、最も重要な資料となるのが、決算書です。決算書の数字が良い場合は、融資にあたってそのほかに追加の資料や、決算書の内容説明を求められることもなく、スムーズに物事が進みます。また金融機関から、より積極的な提案を促されたり、融資以外の様々な広がりも増えてくるものです。

　決算書は会社そのものの姿を数字で表しているため、いろいろなことが分かります。例えるなら、決算書は会社を映す鏡なのです。会社の概況等を知りたいというときはもちろん聞き取りもしますが、それをせずとも本当にたくさんのことが分かるからこそ、大切な資料だといえるのです。

　ありのままの姿が映っている決算書ですが、どこに見せるかによってある程度、身なりを整える必要があります。この章では、そんな決算書というものについてもっと深堀りしてみていきましょう。

　そもそも決算書はなぜ作るのか、どういうところに提出していく必要があるのかというところから見ていきたいと思います。

(1) 制度、法律上の申告

　納税義務者となるものは、法人であれば、毎期決算日から２カ月以内に法人税法に基づいた決算申告書を、個人であれば、毎年、翌年の３月１５日までに所得税法に基づいた確定申告書を提出することと定められ

ています。これは制度に基づいた手続きです。該当するものは法人も個人も確定申告をしなければならず、そのために決算書を作る必要があるのです。したがって、無申告のままですと無申告加算税、重加算税等の罰金が課せられ、重いケースになると逮捕される可能性もあります。

　このため、私たち税理士は法律に基づき、会計諸原則に従って、決算書を決算申告書として作るお仕事をさせていただいているのです。

　決算申告書を作る最大の要因はこの法律に要請されているためといえるでしょう。

(2) 得意先等へ提出して販路拡大を図る

　決算書は税務署等に出して終わりというケースもあれば、税務署以外の様々なところで求められることもあります。ここからはそれを簡単に見ていきたいと思います。

　決算書の税務署以外の提出先例として、新規の取引先や、既存の顧客に継続的な取引をお願いするために出すことがあります。税理士であれば、お客さんから「○○会社に提出を求められていて……」という話を聞いた経験があるでしょう。

　この場合、相手は金融機関ではないことが多いのですが、「取引をしても大丈夫なのか」という思考に基づいて提出を求めていると考えられます。また、取引先に直接提出するのではなく、帝国データバンクなどの調査会社に財務データを届け出る場合もあります。取引先はこうした信用調査会社を通じて、取引をしても大丈夫な会社かどうかを判断することもあります。

　もうひとつ、販路拡大とは少し違いますが、国の経済調査等で決算に関する数字を聞かれ、記入することなどもありますね。

(3) 事業に不可欠な許認可を得る

　このケースは主に相手が行政等になります。会社に許認可を出しても

問題ないかというものを見るために決算書の提出を求めます。

　許認可の場合、圧倒的に「資本金」や「純資産額」を要件としているケースが多く、例えば、建設業許可などはその代表格でしょう。建設業許可のなかで経営業務の管理責任者の経験を証明するものとして、法人の確定申告書の一部や個人の確定申告書の一部を必要とする場合があります。また財産的基礎の証明においても決算書が必要となってくることがあります。

　このほか

・NPO法人などが市町村等に提出する

・都道府県や市町村が行う競争入札などの参加資格審査として提出する

ということで決算書が求められるケースがあります。

　要するに「許認可を国や地方自治体から受ける場合」や、「国や地方自治体の仕事に関わる場合」といったケースにおいては、決算の申告という最低限法律に定められていることをしておかなければならないケースが多いということです。

（4）融資を受ける〜金融機関は決算書のどこを見ているのか？〜

　金融機関における決算書としては、まずお金を貸せるかどうか企業の格付を取るために提出を求められます。なかには格付を取らない金融機関もありますが、ほとんどは取ると考えていいでしょう（詳細は3章で紹介します）。その格付によって、使える融資の商品が変わる場合や金利等を含めた条件面が変化します。もちろん決算書を提出した会社の金融機関担当者もその決算書を見ています。

　これは余談ですが、金融機関の担当者が決算書のどこを見ているのか興味があって、一種の"実験"をしたことがあります。実験内容はシンプルです。決算書3期分を複数の金融機関の担当者に渡し、同じ情報のみを伝えて反応を見ました。

　その決算書は、3期の途中で税務調査があって修正申告をしていたり、

主要な業態が変わって原価率に変動があったりと、ちょっとイレギュラーな3期になっていました。

　今考えたら本当にいじわるな事をしたなと思うのですが、あえて税務調査後の修正申告書を最初から提供せず、必要だと言われたら渡そうと考えていました。

　税理士ならば分かると思いますが、修正申告があれば、申告書の「別表五（一）」の金額が変わります。

　したがって、金融機関担当者が別表そのものの連続性を見ているのであれば、修正申告書のことに気づくでしょうし、連続性を見ていないのであれば、気づかないなと思ったのです。

　決算書そのものは、貸借対照表、損益計算書、製造原価報告書、株主資本等変動計算書など数ページであるのに対し、別表は枚数が多いので、コピーする度にいつも、「本当に見ているのかな」と疑問に思ったということもあります。また、修正申告後は別表四の金額も動きますので、別表四を見ていることで気づくという可能性もあるかなとも思っていました。

　結果はどうだったかというと、十人十色でした。会計決算書だけを見ていて、気づいたのは業態の変化のみだった人もいれば、別表五の連続性で修正申告に気づいた人もいましたし、特に何も気づかない人もいました。

　この"実験"の結果、金融機関が決算書をどのように見ているかは、組織というより、担当者そのものの感性によるものが大きいと感じました。

　最終的には、金融機関の皆さんに「ごめん、実は……」と、今回の実験の事を話しました。

　「あなたは○○を見ていて、△△は重要視してなかったように感じたのだけれど、実際はどうなの？」と、1人ずつ聞きました。これも思い出すととっても失礼なことをしていたなと思います。

　なかには資料を見ながら私を唸らせるするどい質問をしてくる金融機

関担当者もいました。そういう質問をしてきたときは、純粋に「どこでそれに気づいたのか？」ということを深堀りしたりして、楽しかった記憶があります。

　この実験で重要なことに気づけました。

　「金融機関との関係性は、今向き合っている担当者によって変わる可能性が大きい」ということです。鋭い視点を持った担当者は敵ではなく、きっと味方になってくれる方だと思います。これについては、本当に年々感じるようになっています。なぜなら、実験をした当時に比べて、決算書の中身の精査というものは金融機関にとって不可欠なものとなってきているからです。

　私は、金融機関に対して「聞きたいことは聞く」ということを徹底してきたので、金融機関の皆さんと近い距離感でお話をさせてもらっています。ですから、金融機関の方から「決算書の意味」や、「決算書から見えること」を逆に質問をされることもあります。その時に「え？　こんなことも金融機関は確認しているの？」という事柄が年々増えてきていることを感じます。具体的には総勘定元帳で取引の流れを追ったり、その決算書で使われている優遇税制がどんなものかを理解したりと精査することが増えてきたことは確かであるといえます。

　今後、金融機関の決算書の見方がどうなるかについては、おそらくもっと細かい部分についても確認されることになると思われます。それは悲しいかな、金融機関を騙してでもお金を借りようとしている人がいることと無関係ではないでしょう。そういうイタチごっこがある限り、精査のレベルもきっと上がっていくのだと思います。ここに関しては楽観視しないほうがいいでしょう。

　融資を受ける際には補足事項として、各期における決算ダイジェスト（この期はこういうことがあって、売上が伸びましたとか、経費が増えました等）を簡単でもいいので作成しておくことをおすすめします。

　申告書関係に関して、法人税であれば、「細かく確認されるもの」と

広く認知されている減価償却別表のみでなく、「別表二」や「別表五（二）」などもよく見られていますので、こうした書類に問題がある、懸念がある場合は社長へ事前に伝えておくべきです。

　ちなみに「別表二」には株主が記載されています。社長は会社を執行している人物に過ぎず、会社は株主のものです。したがって、中小企業において代表取締役と株主が別人だったり、会社運営に支障があるくらい株が分散していると、金融機関側も安心してお金を貸せません。だから会社の株の状況を確認するのです。「別表五（二）」は税金の明細です。法人税等だけでなく、印紙税や源泉所得税、罰金などについても記載されています。ここで加算税等の罰金が課されている場合、税金滞納がないかを確認されることもあります。

　金融機関は融資をする場合、順調に融資額が減少していくよりも定期的（1 年に 1 回ぐらい）に追加、折り返しの借入調達が発生する会社に貸したいと考えるものです。設備投資なども含め、定期的に調達ニーズが発生するところが金融機関側にとってお付き合いをしていきたい会社ということです。分かりやすくイメージ化すると【図表 2-1】のようになります。

【図表 2-1】金融機関が付き合いたい調達ニーズのイメージ

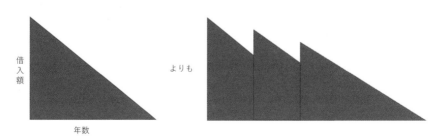

2 無意識でできるのは"弱い決算書"、これからは"強い決算書"を作る

決算書を節税の観点だけで作るのはやめませんか。これからは多様な目的意識を持って、企業の経営上の武器にしてもらいましょう。

(1)「対税務署」だけの決算書から脱却せよ

これまで見てきたように、決算書は税務署以外にも提出をすることがあります。そんな決算書を、税金をどうこうすることだけ考えて作っていいのでしょうか。この点については、多くの税理士が「NO」と答え、様々な取り組みをしている部分です。しかしその一方で、「本業の基本スキル」として「税務署対策＝税負担をなるべく抑えるための決算書」の作成をお客さんから求められるのは当然のことでもあります。

お客さんの希望に沿いつつ、複合的な条件も考慮していく。どのような決算書に着地することがふさわしいのか、税理士業務のなかで自分らしい特色を出せる部分が、決算書の作成になっているといえます。そのなかで本書では、**「融資を受けるため」**という部分に重きを置きたいと思います。

(2) 目的、ステージに合った決算書を作ることが重要

「AとBという2つの提出先に決算書を出さないといけない。だから決算書を2種類作りましょう」そんなことはあり得ません。作る決算書は1つ。当たり前の話です。したがって、会社の数字のどこに着目するか、どこを重視して決算書を作るかということは、大変重要になってくるのです。

目的、ステージに合った決算書というのは、目標を見据えて意図的に

（もちろん違法なものではなく！）決算書を作っていくということです。提出先が許認可に関係しているのであれば、もちろん許認可が取れる要件（資本金など、その許認可の要項に即した事項）を満たしたところがゴールでしょう。金融機関に出す場合は、設備投資等の際、この会社なら支援できる、支援したいと金融機関に思ってもらえる決算書がゴールとなるわけです。

　税理士はいろいろな要素を検討し、お客さんと一緒に考え、相談し、より良い決算書を作っていくことが望ましい形だと思います。

（3）強い決算書をイメージする方法

　どんなことをイメージをすれば強い決算書になるのでしょうか。

　この場合、読者が気になるのは「実際、岩田はどうしているのか」ということだと思います。私は、ナントカ率とか難しいことは全く考慮していません。

　では、どうするのか？

　融資等の場合、私は金融機関の担当者に聞くことが多いです。担当者と話を始めるのは、本当に融資を受けたい時ではなく、事前に始めています。早くて1年ぐらい前でしょうか。多くは半年ぐらい前からです。あまり早すぎると不確定要素が多くなってしまって、かえって判断が難しくなってしまいます。

　話す内容は、「御行から融資を受ける場合、どういう着地点が望ましいのか」です。売上高、営業利益、経常利益などもそうですが、貸借対照表に関しても、気になる箇所を相談して、その部分を決算日までに解消できるように取り組んでいたりします。そうしていると、金融機関ごとに共通する着目点も分かりますし、独自の判断をしている点も分かります。

　結局のところ、私のお客さんである会社に関わっている金融機関の担当者が、尽力してくれやすい決算書にするのがゴールなので、いかにそ

こへ近づけるかを目指すようにしています。

　融資以外（許認可やその他の提出先）がある場合は、そこも大事な要素ですので、その要件を確認したうえで、金融機関の担当者と話しています。もちろん、具体的にここの数字がいくら……なんて話はしません！

　金融機関の担当者と話すことで、最終的に着地するべき決算書のイメージができ上がっていきます。残りの期間でどうやってそのイメージまで近づけていくのか。それが大事なのです。

（4）その決算書は正しい？

　金融機関の人と話していて頻繁に聞くようになったフレーズがあります。

「この決算書、正しいですよね？」

「税理士が作った決算書なので、正しいですよね？」

　これは、なかなか耳の痛いフレーズです。しかしこれは、決算書が間違っていて、それを金融機関の人が非難しているとかそういう意味合いではないのです。その真意は、どうやら金融機関の人は「どの税理士が作っても同じ決算書になるのが正しい決算書だ」と考えていて、結果として先のフレーズとなって出てきているようです。

　実はお客さんの多くも同様に思っていて、私は「多くの人の認識はそんなものなのか」と感じています。こうした質問を金融機関の方から聞くときは、私のお客さんの決算書ではなく、他の税理士事務所が関与されているところのものです。もちろん、会社名や細かい内容は伏せて、一般的な話としてお聞きします。その時、金融機関の方は「税理士事務所のなかには、正しいか聞いても、答えてくれなかったりするところもあるから教えてほしい」と言うのですが、この決算書は正しいか、といきなり聞かれたら、あまり気分のいいものではないでしょう。

　税理士という職業だから「正しい決算書を作っているはず」と思うのかもしれません。しかし例えばこれが中華料理店だったらどうでしょうか？　本格的に修行をされた複数の料理人の方が酢豚を作ったとして、

どれも同じ「正しい酢豚」ができあがると思いますか？　どの料理人も
プロであり、同じ具材・調味料を使ったとしても分量や加熱方法など様々
な要素で味は変わります。どれも美味しかったとしても、食べる人の好
む味もありますし、見た目の美しさや香りなども料理人によって変わり
ます。

　私たち税理士も同じ領収書や請求書などから決算申告書を作るわけで
すが、表現の仕方も会計の処理の仕方も税理士ごとに変わります。それ
らは、当然ながらどれも認められた方法で作成されているので、間違っ
ていませんが、いろいろな違いが生じます。そのことがあまり認識され
ていないので、「正しいでしょうか」という問いになるわけです。こう
した少しの認識の違いで、コミュニケーションが取りづらくなってし
まっている面があります。

　また、もしかしたら、まだ実務経験が浅い税理士自身も自分のやり方
に対して「正しさ」という呪縛に囚われていることがあるかもしれませ
ん。ただ、**決算書の正しさにはかなり多様性がある**ことも知っておく必
要があると思います。

　例えば、税理士や会計に携わっている人であれば当たり前ですが、消
費税を税抜方式と税込方式で会計処理を行うかでも表現は変わります。
税金の計算上、どちらの方式を取っても有利不利はありません。一般的
には税抜方式を選択されている会社が多いのですが、規模や処理上の都
合など、複数の事情で税込方式を選択されている会社もあります。

【図表 2-2】税込方式

損益計算書

[税込] （単位：円）

サンプル株式会社　　　　自 令和2年1月1日　　至 令和2年12月31日

【売上高】		
売上高1	132,000,000	
売上高　計		132,000,000
【売上原価】		
期首商品・製品棚卸高	0	
仕入高1	88,000,000	
当期商品仕入高	88,000,000	
合計	88,000,000	
期末商品・製品棚卸高	0	
売上原価　計		88,000,000
売上総利益		44,000,000

【図表 2-3】税抜方式

損益計算書

（単位：円）

サンプル株式会社　　　　自 令和2年1月1日　　至 令和2年12月31日

【売上高】		
売上高1	120,000,000	
売上高　計		120,000,000
【売上原価】		
期首商品・製品棚卸高	0	
仕入高1	80,000,000	
当期商品仕入高	80,000,000	
合計	80,000,000	
期末商品・製品棚卸高	0	
売上原価　計		80,000,000
売上総利益		40,000,000

【図表 2-2】と【図表 2-3】は同じ会社の損益計算書の一部です。税込だと売上総利益までの金額が税抜の場合より多く見えます。1億2000万円の年商事例でこの差ですから、何十億という売上があれば、もっと差が大きくなるでしょう。

「え？　だったら、税金の額が変わるのでは？」と質問されることもありますが、結局のところ他の勘定科目で調整され、税金は変わりませ

ん（複数年度にわたって影響する場合もありますが、最終的には変わりません）。

　消費税の例は一部に過ぎず、このように会社に複数の選択方法が認められているものは数多く存在します。数えきれないぐらいです。こうした違いは、会計自体の選択方法であったり、税務上の選択方法であったり、決算が近いからこういう行動を取ろうなどという会社自身の動きの選択によっても変わります。その選択肢は非常に多岐にわたります。

　ですから、**会社が望む方向性を表現した決算書が作れることこそ大事です**。そのためには、経営者、金融機関担当者、税理士が話せる環境作りが重要です。話し合うことによって、また新たな選択肢を見つけ、より良い決算書を作ることができるでしょう。

　「正しい決算書ですか？」と金融機関の人に質問されたときは、大抵この話をします。この話はセミナーでも話します。つまり、それくらいよく聞かれることなのです。

（5）税金だけを考えた決算書は危ない！

　とある金融機関の担当者から聞いた話です。取引先の会社の所有不動産である土地が貸借対照表に記載されていなかったそうです。なぜそうなったかは分かりません。もしかしたらその土地の購入時に社長がお金を出したのかもしれませんし、社長個人が保有していた土地をどこかの時点で会社へ譲渡していたのかもしれません。

　仕訳で考えてみると
　借方（土地）××円　貸方（社長借入金？）××円

　という処理が漏れていたことになります。土地は減価償却資産ではないので、減価償却費に影響しません。資産と負債が漏れていただけということになります。ただ、この事実が融資を受ける際、保証協会に発覚

し、決算書そのものの信ぴょう性が疑問視されたと聞きました。つまり、保証協会としてはこの会社の融資について検討しないということです。

　固定資産を持っている会社は融資のとき担保提供のために、固定資産税の評価証明を取得するので、それで発覚したのかもしれません。税理士も、契約書がなく、その土地取得のために会社のキャッシュも動いていない、固定資産の所有権移転にかかる登記費用も出ていない、不動産取得税も出ていないとなると、なかなか気づけないと思います。

　これは誰が悪いという話ではなく、記載されるべきものが記載されていなかったり、無いはずのものが載っていたりすると、それが発覚した場合に意外と大きな問題として扱われてしまうことがあるということです。

　悪意からしたことではなく、過失なのであれば、誠意を持って説明することで分かってもらえるケースも多々あります。「たかがこれくらい」という軽い気持ちが、大きな問題になってしまうこともあるということを認識する必要があります。

　実際、私のところにも、保証協会から帳簿の信ぴょう性を疑われて、融資に苦戦していると金融機関の方の相談を受けたことがあります。この時問題になっていた、期末に新たにできた預金口座なども「これくらい」の例の一つです。漏れてしまった場合は、仕方がないことですが、その後の対応をきちんとしないと大変なことになります。

　「税金は変わらないじゃないか」

　「またどこかで調整しておくよ」

　そんな話で済まないケースも結構あります。万が一、そういうことが起きてしまった場合は、誠意をもって素早く対応してください。疑わしいものは黒と、バッサリ判断されてしまうことがあるからです。

　この「これくらい」の認識は税理士と金融機関で特に温度差を感じるものです。**貸借対照表の間違いに関しては、税額が変動しないので税理士の方が認識が甘いようです。**そのせいで金融機関から借りられないというケースをいくつか知っています。

第3章

顧客の決算書が
みるみる強くなる
実践テクニック

1 最低限身につけておきたい 金融機関の基礎知識

金融機関の性質、保証協会、融資の代表的パターン、そして企業格付。
融資を検討する上で外せない情報をまとめました。

（1）メガ・地銀・信金……何がどう違うのか

　一般の方が思い描く「銀行」といえば、やはり「メガバンク」でしょう。私は大阪で仕事をしているので、メガバンクといえば三井住友銀行さんです。次いで三菱 UFJ 銀行さん。東京でよく見るみずほ銀行さんは関西だとあまり見ません。メガバンクはどこにでも店舗があって、使い勝手がいいですよね。知らない方はほぼいないと思います。

　その他にはどんな銀行があるかというと、例えば「地銀」があります。その地元の銀行ですね。「信用金庫」もその地域に密着した金融機関です。「信用組合」なども同様です。

　あとはちょっと違うところで、「ゆうちょ銀行」や「農協」があります。

　そのほか、中小企業でよく聞くのは「日本政策金融公庫」です。事業をしている多くの企業が関わることになる金融機関だと思います。

　金融機関を整理して図式化すると【図表 3-1】のようになります。

　ではそれぞれ何が違うのかというと、行っている業務はほぼ同じです。業務は次の 3 つになります。

　・決済
　・融資
　・運用

「**決済**」は、代金の支払いや、受け取りをすることです。口座を作れば、

【図表 3-1】金融機関の種類

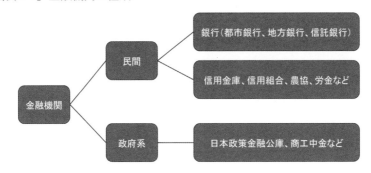

特に何か手続きをすることなくできる行為です。

　「**融資**」はお金を貸すことです。一口に融資といっても種類があり、様々な契約方法があります。これに関しては、事業の成績である決算書内容の影響を受け、金融機関の審査をクリアしなければならず、単純に「借りたいので貸してください」と言ったから貸してくれるわけではありません。

　「**運用**」も契約によるものです。信託、定期預金、定期積金なども契約して締結します。

　「決済」や「運用」については、個人でも身近な手続きといえます。「融資」についてはサラリーマンなどの場合、「人生で1度だけ住宅ローンを組む場面で経験しただけで、よく分かりません」というケースも多いと思います。

　では、たくさん金融機関が同じ業務を行っているのに、どのように住み分けをしているのでしょうか。

　まず、暗黙の了解で取引金額等での住み分けは多少なりとも存在します。どの業界でもいえることですが、上場していて規模の大きい企業もあれば、街の中小企業もあります。

　特に比べられやすい要素として、「**金利**」に着目すると、メガバンクほど低金利で、信用金庫、信用組合と小さな金融機関になればなるほど高くなる傾向にあります。それはスケールメリットももちろんあるとは

思いますが、明らかに動きの違いだと感じます。メガバンクの担当者はお客さんの規模にもよりますが、中小企業に対して足繁く通うことはしません。場合によっては全く行かないこともあります。それに対して、小さな金融機関は足繁くお客さんの元に通い、コミュニケーションを図っています。

　金利だけが話題になりがちですが、各金融機関の特色を知ることが大切です。

　では、それらを踏まえた上で、税理士のメイン顧客となる中小企業はどういう金融機関と付き合うべきでしょうか。条件や要素から考えれば、本社と近い距離にあって、取引業者がよく使っているとか、幼い頃から見知っているとか、金利面、その金融機関の特色など、様々な項目が挙がると思います。

　「絶対にこれが正解」というものはありませんが、**まだ若い会社に関しては、地銀、信金等の口座をメインとすべきでしょう。**というのも、若い会社は信用がなく、事業そのものも安定していません。創業間もない会社というのは、期を重ねて軌道に乗っている会社よりも、金融機関の力を借りなければならないことが多々あるからです。

　何も融資に限ったことではありません。順調な会社運営のためには、金融機関を良いビジネスパートナーにできることが大前提です。そう考えると、メガバンクでは上場企業など大きな企業も多いため、残念ながら中小企業に時間を割くことは地銀、信金と比べると難しいのです。その点、地域に密着した地銀、信金であれば、足繁く通って、コミュニケーションを図ったり、有益な情報の提供をしてもらえたり、また力を貸してくれたりと手助けしてくれる傾向にあります。

　ですから私の場合、特に決まった金融機関がないという中小企業については「会社の事務所近くの地銀さん、信金さんで口座を作って、取引口座にされてはいかがでしょうか」とお話をさせていただきます。

(2) 保証協会とプロパーの比較

　保証協会とかプロパーという単語をよく聞きませんか？

　民間の金融機関に融資をお願いする場合、大きく2つに分けられます。「保証協会を使うか、使わないか」です。

①保証協会とは

　信用保証協会という公的な機関で各都道府県に1つはあります(参考：全国信用保証協会連合会　http://www.zenshinhoren.or.jp/)。読んで字のごとく、「信用」を「保証」する協会です。

　中小企業が、金融機関からの「信用」が不足している場合、金融機関に代わってその会社を信用し保証してくれるのが保証協会です。金融機関は保証協会に保証してもらうことで、万が一会社にお金を貸して返ってこなくても、保証協会が全部または一部を代位弁済（代わりに支払いを立て替えること）してくれるので安心して貸し出すことができます。ただし、代位弁済されたとしても融資を受けた会社の借金がチャラになるわけではないので、保証協会を利用する会社は注意が必要です。

　保証協会を使う場合、会社の成績に応じて保証料率が決まります。当然成績が良いほど保証料率は低くなり、成績が悪くなれば保証料率は上がります。会社が保証協会を使ってお金を借りるときは、その率と融資期間に応じた保証料を支払ってお金を借りるということになります。

　保証協会の保証制度はその時や経由する金融機関によって変わり、融資の申し込みは、一般的に保証協会ではなく、金融機関を通じて行うことになります。

②プロパー融資とは

　保証協会を使わないでも融資が受けられる場合、金融機関が100%会社を信用している状態です。これをプロパー融資と言います。

　プロパー融資の場合、金融機関のリスクが大きくなります。したがっ

て、保証協会を噛ませた融資に比べると会社の成績を厳密に審査されたり、提出する書類に事業計画が必要だったり、それ相応の基準をクリアすることが求められます。

【図表 3-2】保証協会とプロパーの比較

	メリット	デメリット
保証協会	・創業期でも保証してくれるので、資金調達の選択肢が広がる	・無担保 8000 万円など限度有 ・保証料が発生する
プロパー	・保証料がない ・保証協会を通さない分、融資までが短期間になる場合もある ・規模によっては保証協会の限度以上に融資を受けることが可能	・審査が保証協会より厳しめ ・業績の変動にうるさくなる可能性大

　保証協会を使ってまで融資を受けることは悪いことなのでしょうか。また、融資を受けようとしたときに、すぐ保証協会のことを金融機関担当者が言うのは会社を信用してくれていない証拠なのでしょうか。

　どちらもそうとは言い切れません。保証協会を使うということは、例えるならマンションやアパートに賃貸でお部屋を借りるとき、保証会社へ保証料を払って借りるのと一緒で、必要コストと割り切っていい部分といえるでしょう。

　プロパー融資をしてもらいたい場合は、会社がどのような状態になれば検討してもらえるのかを金融機関に直接聞いてみるといいと思います。

　経営者のなかには「直接聞いたら、金融機関の担当者がイヤな気持ちになるかもしれない……」と考え、私たち税理士や経理の方を通じて聞くということは十分あり得るのです。

(3) 融資の4パターンを知ろう

　融資にはいくつかの種類があります。一般的に、融資というと証書貸

付がその代表です。業種や状況によっては、融資を証書貸付にしないほうが金融機関にとって支援しやすかったり、会社側にとって使い勝手が良かったりするので、どんな種類の融資を選べばいいかはケースバイケースです。

　業種に関していえば、過去のデフォルト率などの実績から建設、不動産、運輸は取り組みづらい業種になります。そのほか、反社会的勢力が関わっている可能性が高い風俗業などは金融機関が全く取り組めない業種です。また、金融機関ごとに「この業種は支援しない」としているケースもあります。

①証書貸付

　もっとも一般的な融資です。長期の返済期間で借りるときに、いついくらをどれくらいの利率で借り、いつまでに返すかなどを書いた「金銭消費貸借契約書」という契約書（証書）を交わしてお金を借ります。

②手形貸付

　返済の裏付けがあるものを手形として金融機関に差し入れて借りる形式です。短期の融資でよく見られます。例えば、「3カ月後に売上金が5000万円入るので、その売上金をもって返済しましょう」という場合などに用いられます。

　基本的には短期ですが、手形の差し替えによって、結果として1年以上にわたることもあります。

③手形割引

　手形は金融機関ではなく、企業同士でも取り扱われることがあります。商品やサービスを納入し、手形を振り出してもらった場合、本来、その手形の約定日まで保有して現金化しますが、一般的に手形を現金化するまでに数カ月の期間を要します。そこで、その手形を金融機関に買い取っ

てもらってお金にする形式が手形割引です。

　ただ、これには「割引料」という手数料がかかり、手形の額面がそのまま現金として受け取れるわけではありません。実際に手形の約定日にお金が決済されるかどうか分かりませんので、融資と同様の扱いになります。

④当座借越

　「限度額はいくら」というものが設けられて、その金額まではいつでも自由に出し入れできるものです。証書貸付等の契約は、契約の都度、社長自らが署名捺印をする必要がありますが、限度額の契約をすれば、基本的に継続されますので、諸手続きの手間が軽減されます。しかし、この契約は、かなり審査が厳しいので、簡単に契約をしてもらうことは難しいでしょう。

　会社側から、手形割引や当座借越のお願いをすることはありますが、通常の融資を「証書貸付にしてください」とか「手形貸付にしてください」というパターンはあまり見られません（実際はどちらかでお願いしている方もいるのかもしれませんが、証書貸付か手形貸付かは、金融機関側からの提案によることが多いでしょう）。

（4）金融機関は格付のために決算書のどこを見ているのか

　融資をしようとした時、絶対に求められるものが以下の２つです。

「決算書３期分」
「試算表（前の決算から半年ほど以上経過している場合）」

　金融機関と初めて取引をする場合、会社の登記簿謄本や定款、社長の身分証明書、会社のパンフレット（概要が分かるもの）なども求められます（第

1章「5. 必見！　融資のポイント確認項目」21 ページ参照）。なぜ決算書が求められるのかということを詳しく確認していきたいと思います。

【図表 3-3】決算書による格付スコアリング

正常先						要注意先	破たん懸念先	実質破たん先	破たん先
1	2	3	4	5	6	7	8	9	10

　決算書を持ち帰って、データを打ち込み、**【図表 3-3】**のように格付を行います。いわゆる成績表のようなものです。

　10 段階評価ですが、10 は経営が破たんした会社を指します。8 や 9 は通常の借入返済を予定通りに返せておらず遅れ気味（リスケ）状態にある場合も多く、金融機関にとってお金を貸す対象にはなりにくいでしょう。1 は借入がない会社のことですが、借入がないことと借入が不要ということはイコールではありません。したがって 1 ～ 7 の会社が金融機関の融資対象になります。

　【図表 3-3】の成績表は金融機関が独自に評価していたり、地域の保証協会で評価していたりします。しかし、「A の金融機関では評価が 2 なのに、B の金融機関では 7 だった」というような極端に評価が分かれる事はさすがにあり得ません。どの金融機関も似たような格付になりますが、一方は正常先で、別のところでは要注意先ということはあり得ます。決算書の見方が金融機関によって微妙に変わるからです。

　実際に、融資を申し込んでみて「A 銀行は OK だったのに、B 銀行はダメだった」ということがあります。それは融資を申し込んだ会社が成績表のボーダーラインにあったということもあるかもしれませんが、一概に成績のみで判断をしているわけではないという部分もあります。

　決算書で行われる格付＝スコアリングですが、ガクッと落ちるポイント、逆に上がるポイントがあります。だからこそ、決算書の作成過程で

は、長期的な視点に立ち、納税だけでなくこの金融機関評価にも気をつけるべきなのです。

　では、スコアリングのポイントを具体的に見ていきましょう。

①資本の厚さ

　例えば資本金が1000万円あるとして、純資産額が900万円しかない（資本欠損）や純資産額がマイナス（債務超過）である場合はガクッと評価が落ちます。債務超過の場合は、基本的に新規の融資が出にくいと考えられます。

　金融機関は赤字補てんの融資を嫌います。また減価償却不足を出して利益操作などをしても、金融機関が法人税別表に注目していることからすぐに目につく可能性が高いでしょう。中小企業の社長、社長親族が会社にお金を入れている場合は資本と見なすこともあります。

②不良資産の有無

　内訳書に長年同額で居座っている債権などがあれば、不良資産としてみなされます。不良資産がある場合、表面上は債務超過でなくても、実質債務超過と判断されている場合もあります。役員貸付金などは程度により評価減の対象となります。

③現預金の多寡

　期末における現預金の残高が多いほうが良い格付となる傾向があります。したがって現預金はある程度、保つようにすべきといえるでしょう。月の売上総額の1〜2カ月分がストックしてあることが望ましい目安です。

④借入の残高

　借入は一般的に月商の2〜3カ月分程度までであれば、スムーズに融資を受けることができます（現金商売を除く）。しかし、半年分を超え

ると融資が厳しくなる傾向があります。

　また債務償還年数が 10 年を下回ることが目安です。

債務償還年数＝要償還債務÷（税引後利益＋減価償却費）

※要償還債務＝借入合計額－所要運転資金

※所要運転資金＝売上債権－仕入債務

　金融機関が成績表を出すのに決算書が必要だということはお分かりいただけたと思います。では、なぜ 3 期分必要なのでしょうか。それは、ズバリ 1 期だけでは分からないからです。

　例えば 3 月末決算の会社であれば、決算書は 3 月 31 日時点の会社の状況を示したものになります。私はよく「3 月 31 日にパシャッと撮った写真だ」と表現します。写真だけでもいろいろな状況が分かりますが、あくまで "点" に過ぎません。情報量としては "線" である動画に劣りますよね。この場合の "線" とは月々の会社の状況ということになるでしょうか。

　ただ、金融機関としては 1 社ごとに動画で確認する時間も労力もありません。そこで、3 期分の決算書を求めるのです。動画とはいかなくても、1 期だけに比べて動きは分かります。例えるならパラパラ漫画です。

　パラパラ漫画に描かれていた棒人間が

　走って

　ジャンプして

　池に落ちたとしましょう。

【図表 3-4】決算書から分かる会社の変化のイメージ

1期だけの決算書だと【図表3-4】の中の1点しか分かりません。池に落ちている期間だけの決算書では、どうしておぼれたのかまで見えません。3期並べてみることによって、業績が好調で走って、勢いよく投資したものの、コケてしまった。という流れが見えてくるのです。

　この流れがよく分かるのが、貸借対照表です。「損益計算書ではないのか？」と思う方もいるかもしれません。確かに、損益計算書には売上がいくらあって、いくら儲かっているのかが記載されているので、つい目がいきがちです。しかし、資本の調達方法や、調達した資本をどのように運用しているかが分かる貸借対照表は、事業の状況や会社の雰囲気まで分かってしまうこともあるぐらい、大事な資料です。

　私は税理士なので、お金を貸すという視点から決算書を見ることはありません。しかし、新規のお客さんなどは、まだお客さんの情報量が少なく、これから関係性を築いていく必要があります。この時、資料さえ見れば簡単に分かることまでお客さんに聞いていては非効率な上に能力を疑われかねません。そこでファーストステップとして、3期分の決算書の写しをいただきます。

　決算書のなかの貸借対照表を3期分並べてみたり、勘定科目内訳書を見て取引先の動向をつかんだりしたうえでお客さんから聞き取りをします。決算書から分かる会社の状況はあくまで自己の推定でしかないので、最終的にきちんとお聞きしないといけないことは確かですが、関係性を構築する予習としては不可欠なものなのです。

　それと、税理士が3期分コピーをもらうのは、税務調査に備えるためという要素もあります。

　さて、金融機関における決算書の話に戻ります。融資の話を進めていくと最終的に、納税証明書を提出してくださいと言われます。納税証明書にもいろいろな種類があります。国税の納税証明書は以下の4つがあります。

① **「納付すべき税額、納付した税額及び未納税額等の証明」**：申告所得税、法人税、消費税等の税目に関して、納付すべき税額、納付済み額、未納税額を証明します。

② **「所得金額の証明」**：申告所得税、法人税、消費税等の税目に関して所得金額を証明します。

③ **「未納の税額がないことの証明」**：申告所得税と消費税等の税目に関して未納がないことを証明したり、法人税と消費税等の税目に関して未納がないことを証明します。

④ **「証明を受けようとする期間に、滞納処分を受けたことがないことの証明」**：税金の滞納処分を受けたことがないということを証明します。

　主に③の**「未納の税額がないことの証明」**が求められます。個人事業者だと申告所得税と消費税等の税目に関して未納がないことの証明が求められ、法人組織だと法人税と消費税等の税目に関して未納がないことの証明が求められます。追加で①の**「納付すべき税額、納付した税額及び未納税額等の証明」**を求められることもあります。

　なぜ、こうした納税証明書が必要かというと、最たる理由は「税金の滞納がないか」を確認するためです。つまり、貸したお金が税金の支払いに消えてしまうことを金融機関は防ぎたいわけです。

　それと、提出された決算の資料が正しいものかを確認するという意味もあります。例えば、電子申告では期限内に“決算の出し直し”ができてしまいます。予め利益が大幅に出ている決算申告を行い、国税の受付票をもらい、それを資料として金融機関に提出します。その後、本当の決算（利益が出ていないか、ほどほどのもの）を訂正として申告し直せば、前に提出した分は削除され、国税庁の記録上は問題がありません。こうした制度上の悪用（将来的にお金を借りるため、利益の出ている決算資料を一時的に作り出すこと）を防ぐために、納税証明書が必要になるわ

けです。金融機関は税金の滞納についてはうるさいため、この証明書は信頼性があるということですね。

　一方で、消費税等の支払いが多額になり、一度に支払うことができない会社もあります。その場合、融資ができないのかというと、必ずしもそうではありません。税務署に行き、支払えない分を分割して支払っていくということで話がまとまっており、それを示す書面などがあれば、金融機関が考慮してくれるケースもあります。

　ただ、税務署に対して分割で支払っていくという協議が成立した場合でも延滞税はかかります。しかも、金融機関の金利と比べても割高なため、払えるのに払わないというのは論外です。またどうせ払えないからといって、支払いをルーズにすることも延滞税を余計に払うだけになるため避けるべきでしょう。

　上記の納税証明書からだと判断できませんが、資金繰りの厳しい会社にとって滞留しがちなのが、社会保険料、住民税、源泉所得税です。以下の話は税理士にとって当たり前のことですが、近年は以前と比べ法人税等以外の滞留状況も確認されることが増えてきたので、念のため確認していきます。

　滞留状況は、決算書の貸借対照表にある負債の項目、預り金という勘定科目と内訳書⑩仮受金（前受金・預り金）の内訳書という部分で分かりますね。

　まず貸借対照表の預り金の金額が、

「会社の規模等と勘案して膨らみすぎている」

「別表五（二）に加算税や延滞税が記載されており、一定額以上の金額がある」

「（役員報酬＋給与＋賞与）の総額の約15％相当を法定福利費が大きく下回る」

「内訳書の預り金の部分に、過去の源泉所得税が記載されている」

などがあると源泉所得税等の預り金に滞留があると判断できます。

　源泉所得税や住民税、社会保険料に関しては、原則的に毎月納付する
ものです。しかし、源泉所得税や住民税に関しては、規模の小さな会社
なら半年に1回の納付も認められており、そのような会社であれば、半
年分の源泉所得税や住民税が溜まっていても不思議ではありません。で
はどうするか、具体的に見ていきましょう。

　勘定科目内訳明細書の中に【図表3-5】のような源泉所得税の内訳を
記載する箇所があります。

【図表3-5】勘定科目内訳明細書の一部

源泉所得税預り金の内訳

支払年月	所得の種類	期　末　現　在　高			支払年月	所得の種類	期　末　現　在　高		
年　　月分		百万	千	円	年　　月分		百万	千	円

　（注）　「所得の種類」欄には、給与所得は「給」、退職所得は「退」、報酬・料金等は「報」、利子所得は「利」、配当所得は
　　　　「配」、非居住者等所得は「非」と簡記してください。

　半年という期間は、どこも一律で、1〜6月分に対応する源泉所得税
は7月10日までに支払い、7月〜12月分に対応する源泉所得税は翌年
の1月20日までに支払っていいということになっています※。
※国税庁「源泉所得税及び復興特別所得税の納付期限と納期の特例」https://www.
nta.go.jp/taxes/shiraberu/taxanswer/gensen/2505.htm

　したがって、例えば10月決算の小規模な会社であればその内訳書に
は、7月〜10月分までの源泉所得税の内訳が記載されていれば問題あ
りません。しかしこれが、1月分から記載されていた場合、納付が遅れ
ていることが分かります。法人税、所得税、消費税等の未納は最も注意
すべきところではありますが、その他の預り金に関してチェックしてい

る金融機関も増えてきているので、税金の未納や預り金の滞留には十分注意してください。

　そのほかに金融機関が決算書をチェックしているポイントとして、

「この業種にしては在庫が多いか」 とか

「内訳書を見るとべたっと張りついている売掛金がある」 ＝貸倒れ？

といったことも結構見られています。概況書などの売上月推移も確認されていますし、3期並べて見比べてみると会社の状況が浮かび上がってきて面白いです。後に本書で紹介する事業計画書を作成するためのヒントになるほか、会社の癖も見えてくると思います。

(5)「企業概要書」は金融機関に会社を知ってもらう基本資料

　「この会社が何をしている会社で、社長がどんな経歴で、どのような商品を売っていて……」ということは会社を知る基本項目です。それが分からなければ、会社の動きやお金の流れ（例えば、「春は繁忙期で売上が通常の2倍に上がるが、冬は閑散期で売上が落ち込むものの、春頃の売上のための仕入れが多く発生する」など）を聞き取ることもできません。

　日本政策金融公庫の国民生活事業には**【図表3-6】** のような書類が用意されています。

　会社の沿革、社長の経歴、どういう許認可をもっていて、どのような業者と付き合っているのかなど、会社のパンフレットを作成されている場合も同じような情報が書いていると思います。全くイメージがつかない場合はこの資料をベースに作っても構わないと思います。

(6) 返済する力を知る資金繰り表

　この会社のお金の回り具合はどうなのか？　金融機関がそれを見るために使うのが資金繰り表で、ほとんどの会社で作られている資料の一つ

【図表3-6】企業概要書

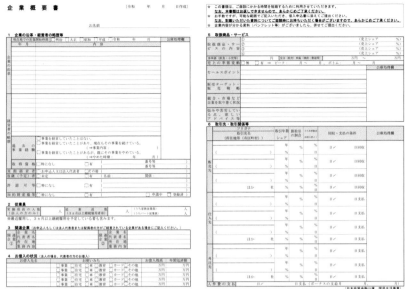

出典：https://www.jfc.go.jp/n/service/dl_kokumin.html（日本政策金融公庫）

です。売掛金の回収サイト（回収するまでの期間）、買掛金の支払サイト（支払うまでの期間）、手形を使っているかどうかなど、損益計算書の利益（業績）では見えないもの、貸借対照表を補足します。

　当たり前ですが、損益計算書の税引後当期利益の金額が期末にピッタリ手元に残るわけではありません。たくさんの受注があっても、仕入れの代金が先行したり、固定資産を手元資金で買うのか、融資を受けて買うのか、割賦払いで買うのかなどでもお金の残り方は変わります。したがって、損益計算書ではお金の流れが把握できません。貸借対照表は、それをある程度、推定できるように助けてくれる部分もありますが、完全に把握することはできません。売掛金にしても、月末締め翌月末払いのものもあれば、15日締め翌々月末払いのものなど、様々な締め支払い形態がある場合、貸借対照表記載の売掛金の増減を詳細に把握することはできません。

会社はいくつも銀行口座を持っていることが多いので、「いつ・どの口座から・いくら支払われるのか」、「いつ・どの口座に・いくら入金されるのか」を把握しなければ、会社のお金がうまく回らずに大変なことになってしまいます。したがって、金融機関から求められるかどうかに関わらず、おおざっぱにでも備えておくべき資料といえます。

これは、伝票ばかり見ていても分かりません。入金支払いの状況把握、聞き取りをすることが重要です。

(7) 会社の未来、投資計画を知る事業計画書

会社がこれからどうしていくのか、展望を示すのが事業計画書です。これは会社側が作るものです。

先日、知り合いの金融機関の担当者が、会社の経理担当から「お金を貸したいのならば、当社の事業計画書を作ってきてください」と言われたそうです。融資ありきの事業計画書を作ってきてほしいという意味なのだと思いますが、本来の意味とは脱線してしまっています。会社の未来計画なのですから、会社の社長、幹部が中心になって取り組まないと作れないもののはずです。

詳細に作り込む必要はありませんが、損益計算書だけの3～5カ年計画、それを達成させるためにどのような取り組みをしていくか、それにはどのような投資がいつ、どのくらい必要か、その効果が及ぶのはいつからか、といった程度は記載しておきたいものです。

「事業計画書」とインターネットで検索すると書き方やサンプルまでたくさんヒットします。それらを参考にしてもらっても結構ですし、金融機関との付き合い強化を目的とするならば、メインバンクの担当者に相談してみましょう。金融機関によっては、所定の様式を持っている場合もあります。

基本的にどの様式でも各内容が大幅に変わることはありませんので、自分の書きやすい様式を活用されればいいと思います。

2 資金繰り表の作成方法

資金繰り表は融資の返済に説得力を持たせます。ここでは例題を用意し、読者の皆さんに資金繰り表を自作できるようになっていただきます。

（1）一番重要なのはきちんと返せるか

　当たり前ですが、損益と収支は違います。損益計算書の利益ばかりに着目していては、お金が回らなくなることもあり得ます。

　表にしてみると【図表3-7】のようになります。

【図表3-7】損益と収支の違い

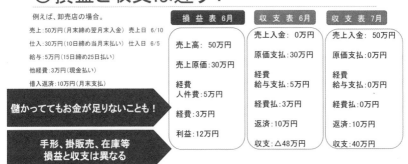

　【図表3-7】を見ると、6月は損益上だと儲かっているのですが、収支上ではマイナスになっています。儲かっているのにお金がない、というのはこのような状況です。

　そもそも儲からないと事業としては話にならないので、いくら儲かる

のかという損益計算書は大事です。しかし、どのようなお金の流れになっているかが分からないと、借入を返済できるかどうか金融機関が判断できません。会社の現金の動きが分かる資金繰り表の作成は創業期の段階から意識するようにしましょう。

(2) 損益が厳しくても資金繰り次第で融資を受けることは可能

　金融機関にとって融資の際の大事なポイントは「この会社はちゃんと借入金を返済していけるのか」で、結局はそこにつきます。融資を受けたい会社は、資金繰り表を作成して、借りたお金が返済していけるのか、そして返済について説明できるかが重要です。

　返済とは「儲けた利益から返す」が基本なのですが、決算書では見えない資金の流れを説明して、返済できそうだなと金融機関側が納得できれば融資を受けることは可能といえます。

　税金の計算は損益計算書が基本になりますが、会社の運営は資金繰り表が基本になります。極端な話をすると毎期赤字であっても、社長自身が潤沢に資産を持っていて、その都度資金を投下できるのであれば、会社は回ります。逆に、毎期黒字であっても、得意先の支払いが悪かったり、回収サイトが長かったり、支払いが先払いであったりと様々な理由からお金が回らなければ、会社は運営できなくなってしまうのです。

　融資という問題を別にしても、企業にとってはお金がきちんと回るということを意識することが大切です。資金繰り表は業績の上向き・下向きに関わらず、必須の帳票といえるでしょう。

　資金繰り表を作るコツとしては、細かいところに着目しすぎないことです。まず売上と仕入れを把握し粗利までの入金・出金をつかみます。それから販管費など比較的変動のない経費を埋めることで、**営業収支**(本業でいくらお金を残したか)が分かります。次に借入等を整理し、新規の借入予定や返済予定を埋めることで、財務での収支がつかめます。このように、トータルで会社にいくらお金を残したか、お金がなくなった

かが可視化できます。要は、粗利までの動き、借入返済等の動き、販管費のうち、その事業のカギとなる費目の動きに着目することが重要です。

　資金繰り予定表を作る場合、収入は現状維持にします。費用は販管費のカットを中心にして、カギとなる費目は削りすぎないようにしましょう。むしろ周囲環境が上昇傾向にあれば、資金繰り表も上昇傾向に作成します。

（3）資金繰り表作成の練習問題にチャレンジ

　資金繰り表は、実際に作ってみないとイメージできないと思います。そこで、60〜63ページに例題を用意しました。これは、本書でこの後に出てくる金融機関の友人が作成したものです。

　この問題を解くコツは、まず前提条件の文章を整理して、分かるところから数字を埋めていくことです。例えば月ごとの費用が一定なところ（人件費や借入金の返済など）から埋めてみるといいでしょう。それと、実務でもケアレスミスが非常に多いので頭のなかだけで計算せず、適宜メモをすることが重要です。頭の体操くらいの気持ちでチャレンジしてみてください。

　なお、特典動画で別途この例題の解説もしていますので、ぜひご覧ください（特典動画の詳細は本書の2ページ目を参照ください）。

■例題1

前提条件　令和元年5月から3カ月分を作成

以下の情報をもとに61ページの表を埋めてみましょう。

・不動産賃貸業者

・家賃は月初に回収（当面2カ月は家賃収入500万円、3カ月後に入居あり、50万円増加の予定）

・経費（人件費20日、管理費、清掃費等の諸経費25日に支払い）

　役員1名：100万円、従業員4名：30万円/人

　管理費：50万円、清掃費：20万円、諸経費：100万円、利息：10万円

・4月末の現預金残高700万円

・長期借入返済200万円/月

※回答例は64ページにあります

資金繰り表　例題①

（自令和　　1 年　5 月　1 日　至令和　2 年　4 月　30 日）

（単位：千円）

			1年5月	1年6月	1年7月	合計
		売上高				
		仕入・外注費				
	前期繰越現金・当座預金　(A)		7,000			
収	売上代金	現金売上				
		売掛金現金回収				
		手形期日落				
		手形割引				
入		その他収入				
		計 (B)				
支	仕入・外注費	現金仕入				
		買掛金現金支払				
		手形決済				
	経費	賃金給与				
		支払利息・割引料				
		上記以外の経費				
出	仕入・外注費、経費以外の支出					
		計 (C)				
差引計 (D=B−C)						
財	借入金	短期借入金				
		長期借入金				
		計 (E)				
務	借入金返済	短期借入金				
		長期借入金				
		計 (F)				
	計　(G=E−F)					
翌月繰越現金・当座預金 (H=A+D+G)						

■例題2

前提条件　令和元年5月から4カ月分を作成

以下の情報をもとに63ページの表を埋めてみましょう。

- 飲食店（収支は悪くないが、投資負担が重く、流動性が低い企業）
- 売上：80%は現金回収、20%はクレジットによる回収（月末〆翌月末回収）

  売上：4月実績1000万円（平均月商も1000万円と仮定）、5月〜6月は閑散期で例年800万円程度、7月〜9月はビアガーデンを開始するため、例年平均月商の1.5倍。
- 仕入原価率は30%　月末〆翌月20日支払い。
- 経費

【人件費：20日〆月末支払い】

役員1名：100万円、従業員3名：30万円/人、バイト10名：平均6万円/人

※ビアガーデン開催時はアルバイトを10名増員予定。（平均単価は変わらず）

【家賃：月末に翌月分支払い】

100万円/月　※ビアガーデン開催時は家賃50万円増加

【水道光熱費等諸経費：月末〆翌月20日支払い】

水道光熱費：売上対比5%　諸経費：200万円※ビアガーデン開催時は諸経費50万円増加

　　利息30万円

- 4月末現預金残高500万円　　　　・長期借入金返済300万円
- 資金が不足する場合は一時的に社長が個人資金500万円までなら投入可能。

※回答例は65ページにあります

資金繰り表　例題②

（自令和　1年　5月　1日　至令和　2年　4月　30日）

（単位：千円）

			1年5月	1年6月	1年7月	1年8月	合計
		売上高					
		仕入・外注費					
	前期繰越現金・当座預金　(A)						
収	売上代金	現金売上					
		売掛金現金回収					
		手形期日落					
		手形割引					
入		その他収入					
		計 (B)					
支	仕入・外注費	現金仕入					
		買掛金現金支払					
		手形決済					
	経費	賃金給与					
		支払利息・割引料					
出		上記以外の経費					
	仕入・外注費、経費以外の支出						
		計 (C)					
差引計 (D=B−C)							
財	借入金	短期借入金					
		長期借入金					
		計 (E)					
	借入金返済	短期借入金					
		長期借入金					
務		計 (F)					
	計 （G=E−F)						
翌月繰越現金・当座預金(H=A+D+G)							

上記以外の経費メモ

	1年5月	1年6月	1年7月	1年8月
家賃（末に翌月分払）				
水道光熱費（末締翌月20日払）				
諸経費（末締翌月20日払）				
合計				

■例題 1 の回答例

資金繰り表　例題①

（自令和　　1 年　5 月　1 日　至令和　2 年　4 月　30 日）

（単位：千円）

			1 年 5 月	1 年 6 月	1 年 7 月	合計
		売上高	5,000	5,000	5,500	15,500
		仕入・外注費	0	0	0	0
	前期繰越現金・当座預金　(A)		7,000	6,000	5,000	
収	売上代金	現金売上	5,000	5,000	5,500	15,500
		売掛金現金回収	0	0	0	0
		手形期日落	0	0	0	0
		手形割引	0	0	0	0
入		その他収入	0	0	0	0
		計 (B)	5,000	5,000	5,500	15,500
支	仕入・外注費	現金仕入	0	0	0	0
		買掛金現金支払	0	0	0	0
		手形決済	0	0	0	0
	経費	賃金給与	2,200	2,200	2,200	6,600
		支払利息・割引料	100	100	100	300
出		上記以外の経費	1,700	1,700	1,700	5,100
	仕入・外注費、経費以外の支出		0	0	0	0
		計 (C)	4,000	4,000	4,000	12,000
	差引過不足 (D=B−C)		1,000	1,000	1,500	3,500
財	借入金	短期借入金	0	0	0	0
		長期借入金	0	0	0	0
		計 (E)	0	0	0	0
	借入金返済	短期借入金	0	0	0	0
		長期借入金	2,000	2,000	2,000	6,000
務		計 (F)	2,000	2,000	2,000	6,000
	計 (G=E−F)		-2000	-2000	-2000	-6000
	翌月繰越現金・当座預金(H= A +D+G)		6,000	5,000	4,500	

■例題 2 の回答例

資金繰り表　例題②

（自令和　　1 年　5 月　1 日　至令和　2 年　4 月　30 日）

（単位：千円）

			1 年 5 月	1 年 6 月	1 年 7 月	1 年 8 月	合計
	売上高		8,000	8,000	15,000	15,000	46,000
	仕入・外注費		2,400	2,400	4,500	4,500	13,800
	前期繰越現金・当座預金　(A)		5,000	1,100	2,000	2,900	
収	売上代金	現金売上	6,400	6,400	12,000	12,000	36,800
		売掛金現金回収	2,000	1,600	1,600	3,000	8,200
		手形期日落	0	0	0	0	0
		手形割引	0	0	0	0	0
入		その他収入	0	0	0	0	0
		計 (B)	8,400	8,000	13,600	15,000	45,000
支	仕入・外注費	現金仕入	0	0	0	0	0
		買掛金現金支払	3,000	2,400	2,400	4,500	12,300
		手形決済	0	0	0	0	0
	経費	賃金給与	2,500	2,500	3,100	3,100	11,200
		支払利息・割引料	300	300	300	300	1,200
出		上記以外の経費	3,500	3,900	3,900	4,750	16,050
	仕入・外注費、経費以外の支出		0	0	0	0	0
		計 (C)	9,300	9,100	9,700	12,650	40,750
	差引過不足 (D=B−C)		-900	-1100	3,900	2,350	4,250
財	借入金	短期借入金	0	5,000	0	0	5,000
		長期借入金	0	0	0	0	0
		計 (E)	0	5,000	0	0	5,000
	借入金返済	短期借入金	0	0	0	0	0
		長期借入金	3,000	3,000	3,000	3,000	12,000
務		計 (F)	3,000	3,000	3,000	3,000	12,000
	計 (G=E−F)		-3000	2,000	-3000	-3000	-7000
	翌月繰越現金・当座預金(H= A +D+G)		1,100	2,000	2,900	2,250	

この練習問題で大事なことは「**資金繰り表をどのように作るのか**」、「**どういう情報が必要か**」ということです。回答すること自体は難しくないのですが、いろいろな"気づき"の要素があって、私の好きな問題です。

　作成した金融機関の方には、資金繰りの基礎セミナーをしてもらいました。小規模ですが、税理士向けに開催したもので、その時に作ってもらった問題です。実はもう1問あるのですが、ちょっと頭の体操を超えてしまうレベルです。良質な問題ではあるのですが、手書きと電卓で作成すると地獄のような問題だったので、本書を購入いただいた方への特典として動画で配信、解説したいと思います（本書2ページ参照）。

　まずは、ここで出題した2問によって雰囲気だけでもつかんでもらえたら大丈夫です。もう資金繰り表は作れるでしょう。実際のお客さんのケースでいくつか作って慣れるのもおすすめです！　繰り返しますが、資金繰り表は融資を受ける際、本当に重要な資料になります。仕組みを知り、自分で作ることができるようにしておきましょう。

　融資を申し込んだとき、金融機関から資金繰り表の提出をお願いされた覚えがないという方もいるかもしれません。しかしその場合、金融機関の担当者達がそれぞれ自分で資金繰り表を作成していることが多いのです。そのせいで、融資の申し込み時に資金繰り表は不要、というイメージがついてしまっているような気がします。

　「金融機関の担当者が作っているなら、今のままでいいのではないか」と思う税理士もいるかもしれませんが、私はそうではないと思います。特に問題なく融資を受けられている会社や金融機関との関係性が良好な場合であればそれでもいいと思います。しかし、毎回融資の審査に苦戦している会社や、もっと金融機関との関係性を良好にしていきたい会社であれば、準備しておくべき資料でしょう。実績の資金繰り表ももちろん大事ですが、**将来の資金繰り表、つまり資金繰り予定表がより重要です**。まずは実績の資金繰り表を1年分作ってみてください。そうすれば、その会社の1年の流れがだいたいつかめます。次に、今後1年間の資金繰り予

定を組むのです。そうすると、「あー、〇月あたりに資金がしんどくなるな」とか「今の返済状況が少し重いな」といった、試算表や決算書では見えていなかったことが浮かんできます。我々税理士がそれを把握することがお客さんにとっても顧問契約をしている大きなメリットになります。

　資金繰り表を作ってみて、仮に何も見えなかったとしても、金融機関の担当者にそれを定期的に提供すれば、会社にとって最適な提案をしてくれることもあります。最初は時間がかかるかもしれませんが、決して難しくありません。細部にこだわる必要もありません。極端な話、だいたいの状況が読めればいいからです。金融機関から提出を求められなかったとしても、積極的に作ってみることをおすすめします。

　ただ私の場合、担当しているお客さん全てで作っているかといえば、実は作れていません（会社にはもちろん何らかの日繰りの資金繰り表などは存在するものですが）。どのような会社で作っているかというと、やはり手元の資金が薄いと感じるところです。手元の資金が薄いかどうかは、会社によってケースバイケースです。年単位や月単位で見て、一番キャッシュがあるときと一番キャッシュがないときの変動幅などを考慮して、「この会社は資金が必要か」ということを判断しています。

　毎年資金繰り表を作っている会社の場合、基本的には前期と同様の動きで作ります。前期と明らかに変わると分かっている部分はもちろんですが、税金や財務収支なども前年と同じではないので、そういう部分は計画、返済予定表などに従って組みなおします。そして、月次が進むにつれ、進んだ月分を実績に置き換えていくというシンプルなものです。シンプルなやり方ではありますが、特に不便を感じたことがありませんので、そのまま利用しています。

　資金繰り表を作ってみて、こうする方が見やすいなどがあれば、自分なりに手を加えてみるのもいいかもしれません。要は、必要な時にきちんと判断できる資料となっていればいいのですから。

3 事業計画書の作成法

盛り込むべき内容、数値目標設定のコツなど、未来の計画をアドバイスできる税理士になるためのエッセンスをまとめました！

(1) 会社の未来計画を描く

　会社がどうなっていくのかを示すものが「事業計画書」です。「経営改善計画書」や「事業承継計画書」は、名前も目的も違いますが、中身で似通った部分が存在します。

　事業計画書に決まった書式はありません。しかし提出先がある場合、その提出先で定められたフォームに従うのが一番です。したがって、まず提出先に基本フォームがあるのか確認するといいでしょう。

　事業計画書とは、何を書けばいいのでしょうか。事業計画書の書き方についても、インターネットで検索すればひな形がたくさん出てきます。また書籍でもたくさん紹介されています。各会社が見やすいもの、分かりやすいものを選べばいいと思います。何を作ればいいか、何を記載すればいいかさえ分かれば、絶対正解というものはありません。

　また、良い事業計画かどうかは、それを読んだ受け手がどう感じるかで決まりますから、用いたひな形がいくら優れていても、受け手に納得されなければ意味がありません。したがって、事業計画書の受け手が明確な場合は、受け手を意識して作ることが大事です。そのため、受け手とコミュニケーションを取りながら作ることができれば一番です。逆に、受け手という意識を欠いた事業計画書は、いくら時間や手間をかけても、一方的な"作品"になってしまう可能性もあります。

　それでは、中小企業庁の事業計画書の説明を中心に見ていきましょう。

　中小企業庁の、平成 19 年度版創業向けパンフレットの一部に、事業計画書についての分かりやすい説明があります。

https://www.chusho.meti.go.jp/keiei/sogyo/manyual_sogyo/19fy/

　中小企業庁の事業計画書の説明では、以下の内容を備えることが求められています。

---

①全体構想
②具体的な事業内容
③資金計画表
④損益計画表

　パンフレットにあるのは創業時の事業計画書の書き方なので、③については「創業時の資金計画表」となっています。

　多くの事業計画書はこの①〜④が基本となっており、それ以外に作り手がもっと何か説明を加えたいとき、または受け手が加えてほしいものがあるときに加筆されます。

　では、項目別にもう少し見ていきましょう。

①全体構想

　全体構想には次の要素を記載します。

- **動機**
- **事業の概要**
- **市場の環境**
- **事業の将来目標**
- **事業の課題**

「**動機**」は、創業時であれば、創業の動機を指します。そのほかの場合は、事業計画書を作る目的を記載すればいいでしょう。この計画書が何のた

めに作成されて、どこを目指しているかが明確になります。

「**事業の概要**」は、創業して取り組もうとしている事業や、今行っている事業など、会社の情報を記載します。商業登記簿謄本に記載されている内容の本店所在地、各所支店、営業所の所在地、商号、役員、なども記載しましょう。

「**市場の環境**」は、読んで字の如しですが非常に重要な部分です。事業の市場環境がどのようになっているかということを記載します。取り組もうとしている事業や、今行っている事業の市場環境が現在どのような状況であるかを確認することは、今後の事業展開を語る事業計画において、作成の指針になります。「こういう市場の状況だから我社の損益がこうなっていく」ということを書くことで、計画書の数字に客観性を持たせることができます。自社の計画、展望については、どうしても大きな期待値が入ってしまいます。それをグッと客観的に矯正してくれるものが、市場環境の動向分析です。市場調査をする、経営指標などを用いる、同業者のデータを用いるなど、できる限りの情報を使い、客観性があるものに仕上げます。事業をしていく場合においても、こうした情報収集はとても大事なことです。常に感度を高くしておくことがポイントです。

「**事業の将来目標**」は、会社の現状等を踏まえたうえで、こうなっていきたい、という目標を書きます。ここは具体的な数値目標を掲げましょう。例えば、3年後に〇億円売り上げるとか、5年後に売上を〇倍にするなどです。だいたい3〜5項目ぐらい列挙されているイメージがありますが、もちろんもっと多くてもいいと思います。ただ、いくら目標に勢いがあっても、結果が伴わなければ意味がありませんので、負担になりすぎるような目標設定はいけません。

「**事業の課題**」は、現状の把握をし、弱点をきちんと認識できているかということです。弱点を克服し、セールスポイントをより強化することが大事です。課題、弱点があるからこそ、事業計画を作っているので

すから、ここもいくつ課題を列挙できるかが己を把握できているかのポイントとなります。これも3～5項目程度は列挙されていることがほとんどです。

②具体的な事業内容

　たくさんの事業部があるなら、事業部ごとにどのようなことをしているのかを記載します。その事業ごとの取引関係の流れや、セールスポイント、特徴、実績（売上実績、扱っている商品）などを書きましょう。新たな事業を始めるための事業計画書であれば、その事業のことについてももちろん記載します。

　新たな事業の場合は、中小企業庁のパンフレットにも記載されていますが、販売計画、仕入計画、設備計画、要員計画を設定し、どこにいくら必要なのかということについて記載します。

　融資を受けるための事業計画の場合は、創業と同様にどこにいくら必要なのかを記載する必要があるでしょう。例えば5年計画の書類の場合、3年後の工場建物修繕にいくら、〇〇事業所設置にいくらといった具合です。

　この「いくら必要か」という点もなんとなくでは困ります。とはいえ、計画書上、今すぐ必要な資金でない場合については、実行時の状況によって、そのかかる価額は変動することも考えられます。したがって、今実行するとしたらいくらぐらいかかるのかという見積もりや、市場価格をもとに金額を算出する必要があります。価格に幅がある場合は、最低価格を用いるよりは最高価格を用いるほうがいいでしょう。

　例えば1億円資金が必要として計画書を作成しているのに、実は1億5000万円必要だったとなれば、計画を大幅に修正しなければいけません。もちろん計画である以上、修正はあり得るのですが、1億円の資金が必要という計画書を作成していて、実際は8000万円だったというズレのほうが計画そのものに影響が出ません。

同様の理由から、売上等の収入面については、最低価格とは言わないまでも平均的な水準よりは低めの価格等を採用し、仕入、設備、人材などの支出面については、最高価格とは言わないまでも平均的な水準よりは高めの価格等を採用するように作成しましょう。

③資金計画表

資金計画表は何にいくらかかるのかという点を明確にした上で、どれくらい自己資金でまかない、いくらを融資によってまかなうのかという点を明確にします。何にいくら必要かが分かって、きちんと捻出できる資金を用意しなくてはいけません。

全てを融資に依存する計画では、計画として成り立ちません。十分な業歴と利益の積み重ねがあれば、計画上の投資全てを融資によってまかなうことが可能な事もあります。

しかし、創業時で業歴というものがそもそもなかったり、まだ業歴が浅かったり、利益の積み重ねが薄い場合は、自己資金でまかなったりして現状でも捻出可能になる計画を作ることが大事です。

④損益計画表

損益計画表はこれまでの①〜③を前提にして作成します。①〜③をしっかりと作り込んでいれば、それを数字上に落とし込むだけなので、比較的簡単な作業です。ただ多くの場合、将来目標等の設定として不十分だったり、計画目的に合致しなかったりすることがあるので、それを踏まえて①〜③を練り直していくという繰り返し作業が発生します。

一発で作れる税理士もいるのかもしれませんが、大抵は何度も聞き取りをしたり、練り直しも度々発生するので、比較的簡単に作れるとは書いたものの、損益計画表の作成は時間がかかります。

創業であれば、1 年程度で問題ありませんが、その他の会社であれば、3〜5 年、長ければ 10 年の計画書を作成することもあります。

(2)　事業計画書へ加筆する資料としての資金繰り表

　事業計画書の基本を踏まえて作成しても、利益がお金として手元に残ることを意味するわけではありません。したがって、先程説明した④の損益計画表まで作成したうえで、さらに加える資料として、**資金繰り表の作成が高確率で求められます**。どれだけ儲かる計画であっても、お金が回らなければ、会社の運営はできなくなってしまいますから、むしろ損益計画表より、資金繰り表の方が大事といえます。

　損益計画表と資金繰り表は表裏一体です。資金繰りが成り立つような損益計画でなければなりません。

　資金繰り表はお金の流れを示すもので大変重要なものです。日頃から資金繰り実績表や資金繰り計画表を備えておけば、既存事業の動向はよく分かりますし、将来を示す計画書の客観性を担保するデータにもなります。

　会社には大抵、日次の資金繰り表があるものです。しかし税理士は、月の損益とリンクさせた月次の資金繰りについても理解し、資金繰り表として作成できるようにしておくことで、スムーズな事業計画書作成が可能となるでしょう。

(3)　融資が必要になるポイントを知る

　事業計画書とまでいかなくても、会社の未来を大まかにでも計画として立てていくと、「〇年後くらいに機械の買い替えをしなくてはならないのではないか」、「建物の修繕工事をしなくてはいけないのではないか」、「人材の募集をしなくてはいけないのではないか」など、それまでぼんやりしていたことが明確になってきます。その時必要になる投資等を全て自己資金でまかなうことができればいいのですが、融資に頼るケースもあるはずです。

　現状、十分にお金を借りられる見通しであるということなら、特に大きく意識する必要はありませんが、今の財務状況では融資を受けること

が厳しいという場合もあるでしょう。その際は「融資を受けられるように財務状況をこうしたい」という目的を明確化して、想定された時期までに着実に財務状況を良くしていく必要があるのです。

財務状況の改善は場合によって、節税と相反することもあります。財務状況を良くするということは、簡単にいうと純資産を厚くすることであり、繰越利益を増やしていくことだからです。

もちろん、金融機関に対して純資産を厚く見せるために、からっぽの資産を張りぼてのように積み重ねても、まず見抜かれますし、会社を強くして融資を受けられるようにするという本来の思考から逸脱してしまうのでやめましょう。

純資産、繰越利益を増やすには、利益を出して、税金を払った残りをプールさせていかなければいけません。そもそも利益自体も売上を上げて、原価や経費を払ったのちに構成されるものなので、大変な苦労を経る必要があります。したがって、ここでも目的から逆算して、決算をどうしていくべきかを考えることが指針となります。

「日々の業務に精一杯で将来のことなんてあまり考えていません」という会社もあるでしょう。中小企業の社長の場合、営業から管理、経理、総務、人事……何もかもご自身でこなされている方もいらっしゃいます。税理士は、事業計画とはいかないまでも、その時々に簡単な未来計画の作成サポートをできることが理想ではないでしょうか。とはいえ、税理士はまず節税を求められる存在ということも事実ですので、そのバランスをどこで取るかがなかなか難しい問題ですね！

第４章

これでバッチリ！
金融機関対応マニュアル

1 金融機関の方と話してみる

「金融機関の人と話すのは大事だから、さぁ話せ」と言われても困るでしょう。ここでは話すポイント、心構えをご紹介します。

（1）税理士としてメインバンク担当者から何を聞けばいいか

　お客さんのメインバンク担当者と初めて会った時に、「何を考えていますか？」とか「どこを見ていますか？」などと聞いてはダメです。身構えてしまうでしょう。とはいえ、税理士としてそういうところが気になるし、聞きたいのも事実です。

　私が担当者と会って話すときは、まず自分の取り組みを話します。それと、お客さんの今後の動向。相手を知りたいときは、まずこちらのことを知ってもらうのが一番だと思います。

　いきなり「それで、君はこの会社に何をしてくれるのだね？」という態度では話すものも話せません。もう少し具体的に私の場合をご紹介すると……

私：「私は株式会社○○の顧問税理士として担当しております岩田です」
担当者：「はじめまして」
私：「○○社長より、御行が積極的に○○社さんをサポートしていただいているということをお聞きしておりまして、是非、お会いしたいと思い、社長に機会を作っていただきました。私は、○○社さんと……のような付き合いをさせていただいております」（……の部分は、訪問の頻度であったり、会計の入力、チェック体制であったり、誰とどのようなお話をしている機会をもっているかなどが入ることが多いです）

　こうした会話をするのは、税理士である自分とお客さんがっちりと密な関係性にありますということをアピールするためです。担当者から「この税理士はあまりお客さんと深く接していないな」と思われてしまうと、担当者が質問等をしたいときに、「あの顧問税理士に聞いても分からない、○○社長に聞いたほうが早い」ということになってしまいます。両者に聞くのは二度手間でしかありません。

　担当者と話をしていくなかで、お客さんの会社の以前の動きに比べて、今期がどのような感じで進行しているか、来期以降、どういう展開をしていきたいと思っているのかも話しています。これが結構重要です。こうした話は、金融機関の担当者であれば必ずお客さんである社長からリサーチしたいと思っていることだからです。

　社長と税理士で話す内容が違っては論外ですが、顧問先の事業展開について税理士として意識していることを話すのが大事だと思います。こうした内容を税理士が積極的に話せば、金融機関からも様々な提案をしたいと思ってくれます。

　私の場合、金融機関の担当者と話すことがない、なんて状況はもったいなくて考えられません。それから、話した後に放っておくこともいけません。メールや電話で次のコンタクトを取るようにします。たとえ用事がなくても、私は次のコンタクトのために質問をひねり出して、電話をするようにしています。

(2)　金融機関を顧問先の良き協力者にする

　金融機関は決して敵ではありません。良き協力者になってくれれば、非常に心強いものです。お客さんの会社が融資を受けられるかどうか微妙な状況にあるとき、それを打破してくれる可能性があるとしたら、金融機関の担当者にかかっていると思います。担当者が良き協力者になってくれれば、彼らはお客さんの会社に情熱を注いで取り組んでくれることでしょう。

では、どうすれば金融機関の担当者が協力者になってくれるのでしょうか。これは正直、担当者個人の性格という面もあり、人によって答えが違うところもあると思います。そんなときは、逆転の発想です。考えてみてください。

「あなたはどういう人に協力したいなと思いますか？」

　自分が協力したくなるような人をイメージして行動すればいいと私は考えています。参考までに、私が協力したくなる人のイメージをご紹介しましょう。

---

①誠実な人

　何もかも話してくださいとまでは言いませんが、肝心なところを隠したり、嘘をつかれたりしてしまうと、正しいサポートができないと思っています。できないことはできないとハッキリ言えるかどうか、それも大事だと考えています。本当はできないのに、できるかもしれないと思って相手に期待していると時間がもったいないですし、信頼関係を失いますよね。

②一生懸命な人

　一生懸命な人は応援したくなりませんか？　スポーツの中継を観戦していて、画面の中で一生懸命プレーされると、その人のことを全然知らなくて、ルールがよく分からなくても、「頑張れ！」と応援したくなるものです。

　人によっては、技術とか経験が協力したくなる要素になることもあると思いますが、私の場合、協力したくなる人のイメージはこの２つです。誰かと話をする際、私はいつも「誠実で一生懸命」という点を意識するようにしています。

　このように、自分が協力したいと思えるように振る舞う方法が協力者になってもらう手段として有効だと思います。実際、私のまわりには自分と何となく似た部分を持つ人が集まっているように思います。

（3）飛び込み営業を徹底的に活用する

　税理士であれば、金融機関の飛び込み営業に対応する機会は、しばしばあります。お客さんの会社に来る場合はもちろんのこと、自分の税理士事務所に対してもあります。それを邪険にするのはやめましょう。相手は売り込みのため、良い部分をアピールしに来ています。つまり、普段は聞きにくい**「御行の特色って何？」**ということが大変聞きやすいというわけです。飛び込み営業の方が来たら、その金融機関の方針、動向等も一緒に聞いてしまいましょう。たまに自行の特徴を把握せずに来ている担当者もいたりしますが、それはそれで素直に意見交換することができる面もあります。

　私の場合、営業へ来た金融機関の方に、「自分は金融機関をクライアントへ紹介することに積極的な税理士であること」を予め伝えています。そのほうが話も早いからです。税理士事務所のなかには金融機関を紹介することに積極的でないところもあります。ですから、営業の方には自分の事務所の"話を聞くスタンス"を知ってもらって、それから話してもらっています。これなら「そもそもこちらに伺った理由は……」という話から始めてもらう必要もありません。

　実際、飛び込み営業をしている方としては税理士事務所そのものに用事があるわけではなく、その先の顧問客を意識して営業に来ています。ですので、それぐらいは十分に分かっていることをお伝えするだけでも話がスムーズになると思います。

　最近の金融機関では、税理士部隊というか、税理士向けのグループを組んでいるケースも多いです。そういう方のひとりに話を聞くと、「税理士事務所に行っても、まず話を聞いてもらえない」といいます。よっぽど忙しい場合は別ですが、私の経験上、**飛び込み営業の話を聞いて時間を損したなと思うことはありません。**たとえ噂話であっても参考になるものです。

　他行を含めた最近の状況や、どの業種が得意なのか、不得意な業種は、

対保証協会はどうか、おすすめ商品（積極的にプッシュしたい商品）は何かということをよく聞きます。ちなみに、私がどの業種が得意かと聞くと、ほぼ「製造業」と答えるので、そう言われた時は「どこもそーや（笑）」と話します。製造業は投資が多いので、金融機関としては積極的に取り組みたい先なのです。「他にはないの？」と深堀りすることが大事です。

　保証協会事情はぜひ確認しておきたい情報です。中小企業は融資を受ける際に保証協会を使うことが多いので、その金融機関と保証協会の関係性がどのような感じになっているかを聞きます。保証協会は金融機関が窓口なので、金融機関との関係性はかなり重要だからです。

　そのほかには金利水準なども聞くことがあります。大体○％～○％くらいの幅なのか、ということです。金利ばかりに着目すべきではないと思っている反面、やはり金利は目を引くポイントでもありますので、しっかりと聞きます。

　私はたくさんの金融機関とお付き合いをさせてもらっているので、お客さんから金融機関を紹介してほしいと依頼があった場合、きちんとマッチングさせたいと思っています。日頃からそういう意識でいると、金融機関の方と会っているときに「この人とお付き合いするのに最適のお客さんは……」と想像しながら話すことができます。

　マッチングのイメージを具体的に考えるために、営業としての成功事例、失敗事例なども聞くこともあります。こうすることで、マッチングイメージがグッとつきやすくなります。十分なイメージがついた場合、金融機関の方に「もし、この業種でこういうパターンの場合、積極的に取り組んでくれますか？」と聞くこともあります。「マッチングイメージがつく」ということが、仕事をする上で大事だと思っていますので、イメージするためにも多種多様な質問をするようにしています。

　また私の場合、自分のお客さんから常に何本かは融資のご相談を受けている状態ですので、それに関して詰まっていることがあれば、「どう思う？」と聞いてみたりもします。このように営業の人の考えを確認し

てみることは、相手と自分の感覚をすり合わせるという意味もあります。この感覚のすり合わせは私にとってかなり重視しているポイントになります。なぜなら、実際に融資で詰まるような事例に直面した時、金融機関担当者と自分の感覚が合っていないと、相談をするにしてもスムーズに意思疎通ができないからです。感覚のすり合わせがうまくいかない人と融資について対応を協議すると、本当に申し訳ないなと思うのですが、相手がいくら一生懸命話してくれても私の疑問が解消できず、結局堂々巡りになってしまいます。

　ですから、マッチングに際して税理士と金融機関の担当者が感覚的に合うかどうかという部分も大きな要素なのです。

　あと、もう一つ。お客さんに紹介できる人柄かどうかも見ています。私の仲介後は、金融機関と私のお客さんで直接取引をしてもらうことになります。したがって、お客さんと担当者・金融機関が合うかどうかも重要なのです。金融機関担当者の話し方、説明の仕方、質問に対する答え方、見た目の清潔感などもチェックポイントになるでしょう。私のお客さんは当然、金融機関のことが分からない方がほとんどです。したがって、話し方や、説明の分かりやすさがイマイチだと顧客対応という面で不安になってしまいます。

　人柄の要素はかなり重要で、軽視しているとお客さんの不利益につながりかねません。税理士がお客さんに金融機関を紹介した場合、お客さんが何かしらの違和感を持ってしまったとしても、紹介者である税理士を気遣って、ズルズルと関係を続けてしまう可能性があるからです。

　私はお客さんに「私の紹介ということは気にせず、付き合ってみてご自身で判断していただいて結構です」と伝えますが、そもそも私が違和感を持った時点でお客さんには紹介できません。反対に、一生懸命提案をしてくれる人、力になりたいと考えてくれている人はとても頼りになるなと感じます。最後は担当者自身がどれだけ熱意を持って私のお客さんと接してくれるかだと思っているからです。

2 状況別金融機関との目線の揃え方

金融機関との良好な関係が顧客利益につながります。彼らと目線を揃えるべき点、税理士の目線が求められる点を理解しておきましょう。

(1) 顧客目線で金融機関と接する

　融資を受ける際、実際に金融機関と付き合っていくのはお客さんである中小企業の社長さんです。日々業務をしていると、案外その点を忘れてしまいがちです。つまり、金融機関と付き合う際に「税理士的に考えて○○すべき」と考えてしまいがちになる可能性があるということです。

　他人事だと面倒と思うようなことも、自分事だったら必死になりませんか？

　例えば、税金の計算をして、納税予定金額が100万円と算出されたとします。でも何か方法を変えたりするとその額が98万円になるということであれば、多少労力かかってもしますよね。たった数千円の所得税還付のために、確定申告時期に大行列へ並んで申告するのも同じです。

　個人と違って法人という組織（会社）の場合、その数千円に固執することがロスにつながることもたくさんあるでしょう。しかし、「自分がお客さんの立場だったらこう考えるだろうな」、「こういうことをしてほしいだろうな」、「こういうことはイヤだよな」と想像することは全ての仕事に通じる基本です。

　お客さんと自分では優先順位が異なることも多々ありますので、金融機関と付き合う際、「自分だったらこうする」と考えるよりも、「自分が○○社長であれば、経営者としてこう動くのではないか」という判断をしていかねばなりません。もちろん税理士としての視点も重要ですが、

あくまでお客さんの会社と金融機関の関係を前提とすることが重要なのです。そこを誤ってしまうと、「○○社長はこの金融機関担当者を好きと言っているが、私は好きではないからおすすめできない」ということにもなりかねません。実際、人間なので、多少なりとも好き嫌いはありますが、それを積極的に良しとしてしまうと、金融機関と付き合っていくという本来の趣旨と脱線していってしまいます。

（2）金融機関目線で書類を作る

　金融機関と付き合っていくうえでのポイントとして、金融機関にとって「単純に付き合っていきたい会社だな」と思わせるような決算書や提出資料になるよう意識することが挙げられます。また、金融機関によって重視する部分が変わってくることも多々あります。そのためお客さんの関係金融機関とは定期的にコミュニケーションを取り、その金融機関がどのような状況を望んでいるのか常に把握し、すり合わせができていることが理想的といえるでしょう。

　金融機関が付き合っていきたい会社というと、どんなイメージでしょうか。

　　・**元気のいい会社**：融資以外に関しても金融機関に関する業務で動きがある

　　・**財産状況がいい会社**：きちんと返済できる力が十分にある

　などではないでしょうか。それで概ね間違っていません。

　ちなみに、金融機関として税理士に対して求めていることは以下のような事柄だそうです。

・その会社の課題（後継者問題、人員の問題、人材育成など）を分かりやすく伝えられる
・毎月、きちんと試算表を作っている（もちろんきちんと発生主義で）
・資金繰り表を作っている

こうした求められているものは、税理士にとっては基本セットです。

　税理士が関わっている会社であれば、これらの資料はあって当たり前と考えている金融機関の方も多いのです。

　懇意にしている金融機関の方が言っていたことです。

　金融機関の審査は、結局のところ

- **決算書**
- **資金繰り表**
- **試算表**
- **資産背景**
- **事業計画**

が肝なのだから、税理士の協力が不可欠である、と。決算書、試算表はもちろん税理士が作りますし、資産背景なども容易につかめる立場にあります。ですから、税理士が金融機関の目線に立つという意識をもって、こうした資料を作成することができれば、金融機関との関係性を強固にできるのです。

　また当たり前ですが、金融機関もイチ企業であることを忘れてはいけません。「金融機関は頭が固い！」と言う方もいますが、保守的でなければならないのです。

　なぜでしょうか？

　例えば 1000 万円の融資を 1％の利息で行ったとしましょう。

　1000 万円×1％＝ 10 万円となり、1 年で 10 万円の利息を支払うことになります。もちろん何年かにわたって月々の返済をしていくので、本来的にはこのような単純計算ではありませんが、この 10 万円が、金融機関にとっての収入です。もしこの会社が、100 万円ぐらい返済した時点で返済不能に陥ってしまったとしたら、一気に 900 万円の損失となってしまいます。

　900 万円の損失を 1％の利息の融資でまかなおうと思ったら

900 万円 ÷ 1％＝ 9 億円

　金融機関にとっては、なんと 9 億円を貸し出してやっとチャラなのです。

　「金融機関なんだから、たった 1000 万円ぐらい……」と思う方がいるかもしれませんが、金融機関としては常にこうしたリスクを考慮しないといけないため、保守的にならざるを得ないのです。

　金融機関の友人が言っていました。

　「あなたがその会社に対して貸せるのか、という観点から考えてみてください。あなたが自信をもって『貸せる』という会社であれば、その会社はきっとどこの金融機関にとっても貸せる会社でしょう。もし、あなたが貸せるかどうかについて、迷うということなのであれば、やはり金融機関も迷っているのだと思います」

　もし自分が金融機関の担当者の立場であれば、提出された書類を見て「貸しましょう」となるか。常にこうした視点に立ち返って、融資を検討していくことができるといいでしょう。

（3）税理士目線で各書類を検討する

　もちろん税理士は、税理士目線で書類を検討することも忘れてはいけません。これは当たり前なので、言わずもがなという感じですが、お客さんも金融機関も期待していることだということを忘れてはいけません。

　税理士の目線で重要なポイントは、最終的な調整というところでしょうか。どこに重点を置いて決算書を作っていくのか、あれもこれも意識した上でいい着地点を見出し、バランスを取るのが税理士だと思います。

　もちろん、税理士として余分な税金をお客さんに払わせないようにしなければいけません。この最終調整が最も難しいと思います。その会社にとっての正解といえる明確なバランスは数字にいくらと表せるものではありませんから。

とはいえ私の場合、していることといったらなるべく社長さんとしっかり話すようにしているくらいかもしれません。決算書というものは、いろいろなところで必要になるので、どこに重きを置くことがその会社にとって大切なのか気をつけて話すようにしています。

　社長さんと相談せず、税理士が勝手に作って「こうなりました！」という決算書は、やはり弱い決算書になってしまう可能性が高いのではないでしょうか。

3 税理士がコミュニケーション能力を高めるには

私のコミュニケーションのヒケツをお教えしましょう。その成果ともいえる3人の金融機関の友人との出会いもご紹介します。

(1) 大事なことは相手が誰でも話すこと

　とにかくいろいろな人と話をしましょう。「今度の金融機関担当者はまだ入って数年目だから話さない」という話を聞いたりしますが、権限を多くもっている役職者より現場を知っている方にしか聞けないこともたくさんあります。

　「どうせ聞いても仕方ない」という考えは、全部取り払ってほしいなと思います。経験上、税理士という職業は意外と話すことが苦手な人が多いように感じます。苦手だから話さない、という選択肢もあると思いますが、金融機関との連携が必要と考えた以上は、たくさんコミュニケーションを取るほかないと思います。

　どんなに知識を得ても、仕事をするなら一緒に取り組む人や、業務上関係する人たちとコミュニケーションするのが一番早いと私は思います。

　時には話をしていて、「そんなの納得できない！」ということもあります。しかし、納得できないのはなぜかを相手に話して、とことんその人と語り合います。こうした疑問は、時間を置いても全く解消されないものです。疑問をあまり残さないようにすることもコミュニケーション能力を高める大事なポイントです。

　例えば、あなたはお客さんに税金の基礎的な質問をされて、なかなか理解してもらえないなと感じる場合、何度も説明することが苦に感じますか？

私は全く感じません。「こんなことを聞いておかしく思われないだろうか？」と思う必要なんてないと思います。もしおかしく思われたとしたら、もうその人に聞かなければいいだけです。

　とことん語り合おうとすると、たまに嫌な態度をされたり、嫌な思いをすることもあります。しかし、それはその一時だけで済む話です。金融機関の人も全員がそうだとはいいませんが、一生懸命な質問に対してはきちんと答えてくれる方がほとんどです。

（2）相手を深く知ることで見えてくるもの

　どういう時でも通じることですが、コミュニケーションにおいて、相手はどう思うか、どう考えているのかが分かることで話がシンプルになってスムーズに流れてくれます。一方的にこちらが話すばかりではコミュニケーションにはなりません。また、質問攻めをしても相手が委縮してしまうだけで、相手を知ることは難しいと思います。

　相手にもっと興味を持って、相手を知ろうとしてみてください。お客さんに対してするように、金融機関の人たちに対してもそうしてみることが一番だと思います。お付き合いのある金融機関の方のうち、誰は何が得意なのかということが見えてくると、かなり質問する効率も上がります。

　本業だからといって、全てに熟知している人など稀ですから、たくさんの人とコミュニケーションをとって、最適な"回答者"を複数見つけておくといいでしょう。

　私の場合、一時期はとにかくたくさんの金融機関の方と出会うことを目標としていました。お客さんのところへ金融機関担当者が来る日時を見計らって行ってみたり、お客さんのメインバンクの担当者に質問があるフリというか、何とか質問を作って電話してみたりとかなり試行錯誤をしていました。思い返してみると、相当な執念で臨んでいたと思います。せっかちな性格でもあるので、とにかく早期に"答え"を出したいと思っていました。"答え"とは、私の取り組みのキッカケとなった「金

融機関に対して見え方の良い決算書がどのようなものであるのか」です。

　とにかくいろいろな人の話を聞きたかったということもありますし、何をもって「知り得た」といえるのかも分からなくて、やみくもにトライしていました。例えば、飛び込みで「〇〇銀行です」と来た人でも、とにかく捕まえて、どんなに忙しくても話をしていました。たとえ、その銀行に知り合いがいたとしても別の人と話してみることを繰り返していました。また、何か聞きたいことが生じた場合に気軽に聞けるようLINE を交換し、1 年で金融機関の LINE 友達を 30〜40 人作りました（もちろん業務中に携帯を持っていなかったりして、断られたケースもたくさんあります）。

　そういうことを通して、最終的に自分と合う人というか、「あー、この人に聞いていれば間違いないな」という人が分かってきて、自分の方針をしっかり定めてくれる人が明確になっていったのです。

　私の場合、この " 間違いない人 " が 3 人います。個人的には「本当に一生離さないぞ！」というレベルで信頼していて、完全な友達と化しています（少なくとも自分のなかでは）。

　しかし悲しいかな、金融機関の人達は必ず数年ごとに異動があって、なかには全国津々浦々に転勤してしまう人もいます。実際、3 人のうち2 人は異動してしまって、遠距離な付き合いになってしまいました。しかし、それでも何だかんだと今でも相談に乗ってくれています。

　ここまで密な付き合いができる例は稀なのかもしれませんが、それでも信頼できる、相談できる金融機関の人を作るのは税理士にとって大変重要なことだと思います。

　融資は、融資を受けたいお客さんの発信から始まり、資料を提供したりする私たちのような税理士、それを検討してくれる金融機関担当者など様々な人を介するので、初動を誤ってしまうと大幅に時間をロスしてしまうこともあります。時間のロスは非常に重要な問題になりえます。例えば月末までに資金が必要なのに、「間に合わなかったね、残念だっ

たね」では済まないでしょう。

　誰にでも、自分と馬が合う人が必ずいるはずです。税理士は初動を誤らないためにも信頼して相談できる金融機関の人を見つけてほしいと思います。信頼して相談できる人がいれば、細かい事情に精通しなくてもいいのです。また、たくさんある業務のなかで、調べる必要があることに関して時間を割くことを回避できます。自分では知らなくていいと割り切れるわけです。それに、金融機関の方からその都度話を聞くことで常に鮮度の高い情報を得ることもできます。税理士にとってこれは大変重要なポイントです。

　私には現在、前述の3人のほかにも金融機関は8～9社、個人にすると15人前後、特に仲良くしている人がおり、彼らとも定期的に会っています。その集まり方は、全員参加の飲み会です。仕事の話はほとんどしませんが、それでも様々な金融機関の話が聞けます。

　また、金融機関同士で「こういう会社は状況的にうちでは扱えないけど、そっちだったら扱えるかもしれないね」という意見交換をしてくれていたりもします。まだそこまで事例は多くないにしても、相互で仕事の譲り合いといいますか、そういうこともしてくれているようです。飲み会自体、そんなに頻度が高いわけではありませんが。

　しかし、私がまったく知らない企業が、こうした金融機関同士の接点によって何かしら恩恵を受けることができるかもしれないとしたら、とても嬉しいことだと思っています。

　金融機関との付き合い方を熟知されているコンサルタントの方や高い技術を持たれている方はたくさんおり、素晴らしいことだと思います。そのためにたくさん勉強も経験も経られているのでしょう。でも、私はそれを目指せなかった。できたら素晴らしいなという憧れはあります。性格的なところ、時間的なところ、いろいろあると思いますが、ズボラな私でも時間をかけずにコミュニケーションはできています。それで特に金融機関との付き合いに苦労はしていません。

　私の金融機関との付き合い方に、ノウハウなんて存在せず、誰にでも
できることだと思っています。だから、**これから何とか金融機関と良好
な付き合い方をしたいと思っている税理士を集めて、金融機関との接点
をもつ会を開いていきたいと考えています。**お見合いパーティーをする
みたいな感覚です。それをしたいと思うのは、税理士と金融機関が連携
することが本当に良いことであると身をもって体験して、そう信じてい
るからです。

（3）私が信頼している３人との付き合い

　私が信頼している"間違いない３人"のうちの１人はある信用金庫の
人です。この人からは民間の金融機関の目線とか、保証協会のこととか
を中心によく助けてもらっています。とにかく親身になってくれるし、
私が納得するまでとことん付き合ってくれるのと、自分と感覚が似てい
ると感じる部分があります。

　私は現在、この人が勤めている信用金庫の複数の店舗で、職員を相手
に勉強会を開催させてもらったり、その勉強会で知り合った方々から、
税務会計に関してご質問をもらって、それに回答したりしています。信
用金庫そのものとの付き合いに発展したわけです。

　勉強会で質問を受ける際は、決算書等を拝見するわけではないので、
一般的解釈にはなりますが、こうした質問のやり取りが私にとっては大
変楽しいのです。

　「えっ、金融機関の人はこんな部分を確認するのか」という発見もあ
ります。金融機関側は税務関係の問題を何とかクリアにしてお客さんの
望むように融資をしようと頑張ってくれているので、それを応援したい
気持ちもあります。

　実は、本書を書きたいと思った動機はこの部分もかなり大きいです。な
ぜなら、お客さんの決算書の中身を知る税理士が金融機関の質問に答える
ほうが正確だからです。本書で書いているように、税理士が金融機関の対

応をできるようになれば、もっと融資はスムーズになると思います。

　私は勉強会の参加者が話す少ない情報から推定して、一般的な回答をしているだけなので、実際、そのケースに対する正しい答えを出せているかどうかまでは分かりません。質問をしてくれること自体は、私としては嬉しいのですが、そもそも自分が金融機関との付き合い方を学び出した原点でもある「これが正しいのか」という疑問は常に私のなかでの課題なのです。それでも、参加してくれた方から「前に相談した件、うまくいきました！」と言われると大変嬉しいです。

　ときには、怪しい決算書の相談もあったりします。「表面上、黒字だが、何となくひっかかる。どう思いますか？」というパターンです。実は、こうした質問は税理士にとっても勉強になります！　例えば、貸借対照表各科目の重要度が金融機関によって見方が違っていたり、どの勘定科目だと不良資産扱いになって、どの勘定科目だと適正範囲内と見られるかなど、審査そのものの現状把握に役立っています。

　私はこうして、自分の幅が広がったように思います。モヤモヤしていたことから生じた疑問を潰していくことができて、なおかつ、どんどん知りたいことが広がっている感じです。そういう意味で、知る事にゴールなんてないんだなと感じています。

　"間違いない3人"の2人目は日本政策金融公庫の国民生活事業の方です。同じ年齢ということもあって、気がつけば友達のような感じでした。

　思えば彼が、1人目の信用金庫の人を紹介してくれたのが全ての始まりといえます。また、民間の金融機関と日本政策金融公庫はやはり違うので、国民生活事業の思考や、やり方についてかなり教えてもらいました。

　税理士にとって、日本政策金融公庫の国民生活事業との付き合いというものは大変重要です。そして、国民生活事業側も税理士との付き合いをかなり重視してくれています。金融機関との付き合いを強化していく最初の金融機関として日本政策金融公庫の国民生活事業は絶対に外せな

いと思います。

　彼が猛烈に案件を取り組んで、それを私も勉強して……という感じで学ばせてもらいました。彼とは多岐にわたった話をしました。金融機関に絡むことはもちろん、そうじゃないことも含めて、彼の独特な思考が面白かったので、ついいろいろと話をしてしまったのです。今は異動してしまい距離は遠くなりましたが、定期的に連絡しますし、まだまだいろいろと聞いています。

　彼が所属する日本政策金融公庫については、5章の「1. 今さら聞けない金融機関のいろは（96ページ）」で改めて紹介します。

　"間違いない3人"の3人目は日本政策金融公庫の中小企業事業の方です。今の私の後見役と言っても過言ではない存在です。3章で出題した資金繰りの問題を作ったのは彼です。しかし実はそんなに付き合いの年数が長いわけではありません。

　私よりかなり年下なのですが、着眼点や意見の言い方が好きで、強引に友達になっていきました。話すとしっくり来る感じが好きなのです。

　ある時、決算書を見てもらった際、「このお客さん、○○な状況じゃないの？」とズバズバ言い当ててきたことを記憶しています。決算書だけでそれだけ見抜けるのだなと驚きました。

　また説明の仕方がシンプルで、ストレートなもの言いが私に分かりやすく心地よかったこともあります。というのも、金融機関の人とお話しすると、気遣っていただくことが多いようで、彼らのもの言いが回りくどい表現になってしまうことが多いのです。その点、彼の話し方は非常に好感が持てました。

　彼にお客さんへの取り組み方について相談したりすると、「それは違う」とか、ハッキリと意見をくれます。私は最近、業務のことでもそれ以外でも、怒られるという機会が少なくなってくる年齢になっていますが、彼から怒られている感覚になるくらいです（笑）それだけ一生懸命

に私に対して意見してくれているということですので、本当にありがたいことです。

　融資の案件があった場合、細部に関しては、やはりお客さん自身の金融機関の担当に聞かなければいけませんが、私はこの3人がいることでほぼ取り組み方の方針を決められますし、初動を誤ることなく行動に移せます。感謝しかありません。

　彼ら3人は、私が改めて言うまでもなく、優秀な人達です。しかし仕事ができるということに加えて、圧倒的に理解しやすい表現や、心地よい話し方、誠実な接し方が、私にとってはスッと受け入れやすいのです。

　どんなに他者からの評判が優秀であったとしても、うまく言葉が心に浸透しないというか、会話のキャッチボールができなければ、なかなか良い関係は作れないものです。ぜひ、皆さんにとっての金融機関で"間違いない人"を見つけてください。

第5章

金融機関に強い顧問税理士になるための項目

1 今さら聞けない金融機関のいろは

日本政策金融公庫や地元の銀行のありがたさ、その他決まりやどんな風に見られるかなど、金融機関に関する知識をざっくばらんに紹介します。

（1）魅力いっぱいの日本政策金融公庫

　日本政策金融公庫は国民生活事業、中小企業事業、農林水産事業と3つの事業に分かれています。私はほんの数年前までそんなことも知りませんでした。税理士が業務をする場合、接点があるのは、国民生活事業部と中小企業事業部です。この2つについて、私が感じる魅力について書きたいと思います。

①国民生活事業

https://www.jfc.go.jp/n/finance/first/ko_under1.html（" 国民生活事業 "はどんなことしているの？）

https://www.jfc.go.jp/n/company/national/condition.html（融資の状況）

　よく私たちは「国金さん、国金さん」といいます。規模の大きな会社も扱ってくれますが、基本的には個人事業、零細企業など規模が小さめの会社を対象としています。運転資金、設備資金共に一般的に4800万円まで、例えば50万円くらいの少額にも対応してくれます。また**創業期の会社の支援も得意**としています。

　基準金利というものがあり、商品によってそれが前後する形式になっているので、会社の格付は金利に関係ありません。したがって他の金融機関と比べて、特殊な目線を持っています。また、国民生活事業部には

税理士担当の方がいるので、税理士との連携に関してもかなり力を入れているなと感じます。

　そんな国民生活事業が他の金融機関と特に違うなと思う点を、私の経験上の主観も交えてご紹介します。

ⅰ）運転資金の捉え方の違い

　運転資金の考え方については、国民生活事業は寛容だと思います。これは飲食店や美容室などの現金商売の場合に助かります。

　飲食店を例に考えてみましょう。

　売上は日々入金され、手元にあります。仕入代金は月末締めで翌月末に支払い、人件費は当月25日に支払い、その他経費は都度現金払いです。この場合、基本的に先にお金が入ってから経費等を支払うので、開業するタイミング以外は運転資金が必要ありません（赤字ではない限り）。ですから、飲食店のような商売は、民間の金融機関だと運転資金での資金調達は出ない、とは言いませんが、シビアに見られます。

　しかし、日本政策金融公庫の国民生活事業の場合、民間の金融機関や日本政策金融公庫の中小企業事業部と比べると寛容に見てくれます。ですから、飲食店経営のお客さんなどが運転資金に困った場合、心強い味方になってくれるわけです。

ⅱ）企業グループの捉え方の違い

　グループ会社と判断されると、グループの状況も融資判断の重要な要素になってしまいます。

　民間の金融機関や日本政策金融公庫の中小企業事業の場合、グループというものは、基本的に株式の状況を軸としています。株の持ち合いや、A社がB社の株を保有しているとか、A社の代表者がB社も持っているといったことでグループかどうか判断します。株式だけでなく、売上仕入で親密な関係であることを考慮して判断されていることもあります。

ところが、国民生活事業はそういう判断基準ではなく、特に生計一親族、身内での会社の状況を見ています。

　したがって、グループの中にいる身内や会社が、借入の返済を滞っていたりするとたちまち借りることが難しくなるので注意しましょう。

ⅲ）融資実行のスピードが早い

　民間の金融機関と既に取引があり、プロパーでお願いする場合は別ですが、国民生活事業は融資の申し込みから実行までのスピードが抜群に早いです。

　たくさんの案件をさばいているということも関係していると思います。国民生活事業はたくさん支店があって、たくさんの人が働いていますが、常にたくさんの案件を抱えており、鍛えられているのでしょう。

　このスピードという要素はいざという時に本当に助かります。

ⅳ）マル経という優遇された制度がある

　マル経とは、正式には「小規模事業者経営改善資金融資制度」といいます。業種による従業員人数など一定規模の制限はありますが、商工会議所などを通じて申し込むことで無担保・無保証人で融資が受けられる制度です。金利が基準金利から約1％低いのも魅力です。

　デメリットといえば、半年間の経営指導期間が必要なので、今すぐ借りたいという場合に適さないということでしょうか（例外的にいけることもあります）。

　私は大阪市内で仕事をしているので、マル経を利用する場合、基本的に大阪商工会議所に依頼することになります（お客さんの本店所在地、営業所地でマル経を扱ってくれる場所が決まります）。

　実際に国民生活事業部を利用されている方や、お付き合いしてみたら分かることですが、小規模事業者のお客さんがいる場合は、付き合っておくと大変有用だと思います。また、マル経を利用するときに行くこと

になる商工会議所では、補助金等の案内もされていますので、お付き合いされるとその情報も定期的にキャッチすることができます。

　国民生活事業の方は税理士との付き合いを大事にしてくれています。ですから、担当者と関係性を築きやすく、比較的容易にいろいろなことを聞けると思います。

　ただ、国民生活事業を利用する会社はどうしても小規模であることが多く、試算表が入出金ベースだったり、そもそも資料が出てこないということが担当者の悩みだそうです。担当者と良好な関係性を築いていくためにも、できるだけの協力はすべきでしょう。国民生活事業部の方から聞いた"やってくれると助かること"は、粗利ぐらいまでは発生主義を取る、毎月でなくても定期的には試算表ができる状況にするといったことだそうです。

　税理士にとっては時間的な問題、コストの問題もありますが、こうした点を意識して付き合うことが大切といえます。

②中小企業事業

https://www.jfc.go.jp/n/finance/first/ko_under3.html（"中小企業事業"はどんなことしているの？）

https://www.jfc.go.jp/n/company/sme/situation.html（融資の状況）

　国民生活事業より大きい規模のお客さんがターゲットです。融資案件も1000万円以上が多く、基本的に個人事業や創業期の企業は難しいでしょう。融資限度額は12億円までです。金利は民間の金融機関同様、格付によって決まるので、国民生活事業と違って幅があります。

　中小企業事業の特徴としては**「保証協会の枠を使わない」**、**「政策的な融資商品が出てきて、その要件にはまれば金利が低い」**ということが挙げられます。中小企業事業の人は飛び込み営業等をしていないそうなの

で、税理士が出会うシーンは、利用されているお客さん絡みなどに限られます。

　ケースバイケースだとは思いますが、地域活性化や環境・エネルギー対策、事業承継、そして昨今多発している災害対策など、日本政策金融公庫の中小企業事業が活躍する場は、私たち税理士が認識している以上に広いようです。

　しかし、中小企業事業はとにかく認知度がまだまだ低いようにも感じています。私自身も知らないことが多いので勉強中ではありますが、もっと中小企業事業の認知度が高まれば、助かる中小企業も増えるのではないかと思います。

③日本政策金融公庫に共通していること

　上記2つの事業部に加え、私がまだお付き合いしていない農林水産事業を含めた日本政策金融公庫自体に共通していることですが、**契約や許認可に対しては非常に厳格**です。

　契約に関していえば、例えば賃貸借契約などが代表的なものです。借りている人と実際利用している人が違うような転貸の状況においては、家主の転貸承認の書類が必須です。

　許認可とは、その事業をするために行政などから受ける許可のことを指しますが、それを取らないまま営業をしていることは当然NGです。いくら現在の売上が順調だとしても、いつ営業停止を求められるか分かりません。不安定な基盤のもとに事業をしているとみなされるのです。

　日本政策金融公庫を利用する場合、この点に関して十分に注意して、条件を整える必要があります。

(2) 税理士にとって外せない、地銀・信金さんとの連携

　私は、ある信金さんと仲良くさせてもらっています。それは、たまたま接点があったということもありますが、客層が合致することが大きい

と思います。もちろん、地銀や信金でも上場企業を取り扱っているケースもあります。しかし多くは地元に密着していて、中小企業をメインに活動している税理士と、お客さんへの付き合い方、接点の持ち方などが似ているのです。メガバンクにはメガバンクの良さがありますが、いざという時に中小企業の味方になってくれるという意味では地銀、信金に分があると思います。ですから**会社の取引先として、少なくとも１つぐらいは地銀か信金を入れておくべき**でしょう。

　そういう意味で地銀や信金との連携は税理士にとっても大変重要だと思います。

　私は件の仲良くしている信金において、店舗の営業さん向けに勉強会をさせてもらっています。税理士がどのように決算書を作っているかを教えることが中心です。営業さんたちは、でき上がった決算書は数多く見ていますが、それがどのような流れでできているとか、会計の諸原則とか、税金計算の基礎などまでいくと、なかなか分からないものです（簡単に分かってもらっては私たち税理士の立つ瀬がありません）。

　そういう場で質問をしてもらうことで、私自身、楽しみながら成長させてもらっており、大変感謝しています。税理士が地銀や信用金庫と関係性を深くすることは、双方にとって利益のあることなのです。

（3）試算表は常に提出すべきか

　融資を受ける際、決算から半年以上経過している場合には、試算表が提出要件となります。そのほか、融資実行条件として試算表を定期的に提出する場合があります。では、それ以外のケースにおいて、試算表を提出すべきなのでしょうか？　こうした質問をよくお客さんからされています。

　私は、金融機関との前向きな関係性を求めるのであれば、出すべきと考えます。

　今すぐに融資を必要としていない場合でも、定期的に試算表を提出し、

良い関係性を築けていれば、金融機関から積極的に有利な提案を受けることができるでしょう。逆に、こちらが必要な時だけ連絡して、その時にしか試算表を含めた資料を提供していない状態だと、どうしてもこちらからの発信でのみ動いてもらうことになるため、金融機関からの能動的な提案は期待できません。

　とはいえ、提出の頻度は毎月でなくてもいいと思います。3～4カ月に1度ぐらいで十分ではないでしょうか。

　「まだ試算表がきっちりと固まっていない」という場合もあるでしょう。さすがに預金残高等のレベルで合っていないと話になりませんが、概ねできている状況であれば大丈夫です。試算表が変化することは金融機関の担当者も分かっています。

　また定期的に提出している場合、特別に変わった事項などあれば、口頭でも構わないので補足説明を加えればさらに印象が良くなるでしょう。金融機関に「この会社はきちんとしている会社だ、良い関係性を築こうとしてくれている」という印象を持ってもらうことが、会社にとってプラスに作用するのです。

（4）金融機関は売上高をどう見ているか

　「金融機関と付き合うにあたって、売上って多いほうがいいのでしょうか？」

　これもよく質問されることです。答えは簡単、多いほうがいいです！

　例えば、商品を1億円売って、その商品原価代金が7000万円で、その商品販売代行手数料として2000万円もらっている会社があるとします。このとき、「経理処理をどのようにしたらいいですか？」と聞かれることがあります。

　経理処理は、税理士が受け取った資料の状況や資金の流れによって処理されます。

　例えば、この会社を仮にA社としたとき、商品の売上請求書の名前

がB社、仕入の請求書もB社宛にきて、A社はB社に対して販売代行としての売上請求書を起こしています。そうなれば、売上請求書どおりに販売代行手数料を売上として経理処理することになります。

```
売掛金　2000万円　　売上　2000万円


売上　　2000万円
粗利　　2000万円
```

これは、会計上も税法上もそういう処理となるよう要請されています。

ただ、A社とB社がグループ会社などで、経理処理や資金の流れを任意で決められる場合もあります。A社がA社として販売し、A社が仕入れをして、2000万円もらってからB社に1000万円渡す場合

```
(売掛金)　　　　 1億円　　(売上)　　　　　1億円
(仕入)　　　　7000万円　　(買掛金) 7000万円
(販売手数料) 1000万円　　(未払金) 1000万円


売上　　　　　1億円
仕入原価　7000万円
販売原価　1000万円
粗利　　　2000万円
```

前の例も後の例も粗利は一緒です。

細かいことをいうと、資金の動きのリスク（回収リスクと支払義務をA社が負ってしまう）や在庫リスクの問題があるので、例示したケースだとどちらが良いとは一概に言えません。しかし、そのような諸々のリスクを勘案した上で、売上の大小を決めることができるのであれば、売

上が大きいことに越したことはないのです。

　形式的な基準で「売上の2カ月分ぐらいは運転資金として大丈夫だろう」とか、**金融機関からすると、売上が大きいほうが絵を描きやすい、組み立てやすい**ということがあるからです。

　ただ、先の例のように資金リスク、在庫リスクを全く負わないとなると粗利2000万円のほうが強い会社だと判断されるケースもありますので、絶対売上重視というわけではない点に留意してください。

(5) 設備資金支払い日が融資の実行前でも大丈夫？

　いわゆる"資金使途の遡り"が可能かどうかという話です。基本的には、融資実行日以降に資金使途どおりに資金を使うこととされています。ですから、例えば9月末にお金が必要であれば、遅くても1カ月前、通常は2〜3カ月前に余裕をもって動く必要があります。

　ちなみに3月と9月に関しては金融機関の決算月ということもあり、多くの金融機関がその月に融資実行できるよう、比較的頑張ってくれる月です。しかし、逆に言えばどの金融機関もそうなので、保証協会などを使う場合、混み合うことが予想されるので過信は禁物です。

　9月中に融資してもらいたければ、1週目にお話しするのがギリギリライン（プラスアルファの資料が必要でないことが前提）で、通常は7月後半から8月初旬にお話しするとバタバタ慌てないで済むかなというスケジュール感でしょうか。普通は予め準備して、9月末の支払に間に合うように融資実行してもらうことを目指します。そして融資が実行されてから、支払いをしていくわけです。少なくとも保証協会を使った融資はそうなっています。

　しかしプロパー融資の場合、金融機関によって1カ月〜数カ月程度遡れるところもあります。例えば、新店舗出店のための費用では、開店する前に手付を打って物件を確保していたという場合や、敷金を先に入れていたという場合が考えられます。

　この先出しの部分を新店舗出店のための融資に組み込めるかどうかという点は、企業と金融機関で結構もめることがあります。手元資金で問題なく進められる場合は、特に気にする必要はないかもしれませんが、手元になるべく現金を残しておきたい場合などは融資を受ける金融機関に確認すべきでしょう。

　こうしたバックデート（前の日付けにすること）に関して、私が知っているなかで使い勝手がいいと思えるのは、日本政策金融公庫の中小企業事業での設備資金融資です。中小企業事業の、設備投資の支払いに借入金をあてることができる期間は、融資の申し込み日から融資実行日に加えて3カ月以内というのが基本要件です。しかし稀に延長可能な場合もあります。融資の申し込み日と融資実行日の間自体もタイムラグが数カ月あるので、なんだかんだ広い期間の設備資金の支払いに利用でき、すごく使い勝手の幅が広がるなと思っています。

　もしかしたら他の金融機関でも優れた商品があって、見つけ切れていない可能性もありますが、私の知る限りだと一番フレキシブルだと思います。

2 創業期や衰退期における金融機関

企業とって特殊な時期になる創業期や事業再生期。このステージにおける金融機関というものがどういうものか知っておきましょう。

（1）融資された資金使途は明確に（設備資金と運転資金）

　融資を受ける際は、資金使途が何かを明確にする必要があります。

　「お金が足りないけれど、何に使うか分かりません！」とか「自由に使わせて！」というわけにはいきません。

　「**設備資金**」として融資を受けたお金は読んで字の如く、設備投資に関する資金になります。貸借対照表の有形固定資産を中心とする科目になるものの支払い、とイメージしてもらえればいいと思います。

　「**運転資金**」であれば、設備以外の資金で会社のために使う資金です。よく運転資金の算出方法など耳にしますが、この算出方法は金融機関によって異なるので、運転資金が全く借りられないところもあれば、結構柔軟に対応してくれるところもあります。

　設備資金として資金調達したものを運転資金には使えませんが、運転資金として資金調達したものは設備資金として使えます。

　こう書くと、「それなら運転資金のほうが面倒じゃないかも……」と思うかもしれませんが、以下のような注意点があります。

・そもそも運転資金としての資金調達には限界がある
・設備資金のほうが使える商品が豊富で、長期間の返済期間を取れたり、金利面でも優遇を受けられることがある

　このため、設備投資が必要なときは設備資金として資金調達すべきでしょう。

　また、運転資金は「3カ月後にまた貸してよ！」というわけにはいきません。一度運転資金で資金調達をした場合、多くは一定期間空ける必要があります。例えば、保証協会利用の場合は半年程度期間を空けなければいけません。

　では、資金使途と実際の使途が違う場合はどうなるのでしょうか。

・**資金使途と違う部分の一括償還を求められる**
・**次からお金を借りることができない**

　このどちらかになる可能性が高いです。また、基本的には融資実行日以後の資金に使うことが前提です。用途と順序には十分に注意する必要があります。

　とあるケースをご紹介しましょう。

　A社がB社から300万円を借りていました。これは以前、運転資金が足りなかった時に用立ててもらったものです。その300万円を返済すべく、A社は保証協会を使ったうえでC銀行に打診したところ、OKが出て500万円の融資を受けられました。

　その後、A社は決算を迎え、さらに1年後。A社は再び、C銀行に融資の打診をしました。しかし、決算書・内訳書の数字のなかにB社から借りた300万円が消えていることを保証協会から指摘されました。500万円借りて、300万円を返していたということが引っかかったのです。保証協会の債務が、別債務の返済のためというのは大問題になります。

　しかしこのケースでは結局、融資を実行されたのが月末で、300万円の返済は10日前の20日にされていたので、問題ありませんという結果になりました。

　なんだかおかしな理屈だと思った方もいるかもしれません。私もこの

話を聞いた時、「いや、返済のために 500 万円を借りたのは明白でしょ！」と思いました。

　このケースは極論すれば、300 万円の返済が 29 日で、融資の実行が 30 日の着金であれば OK という話になってしまいます。個人的に今でも腑に落ちているわけではありませんが、そういうものなのだと思って何事も進めているという感じではあります。

（2）資本金を安易に決めてはいけない

　現在は資本金がいくらであっても会社を設立することができます。1 円とか 10 円でも法律上では設立できてしまいます。ただ、それは極力やめましょう。消費税や地方税の均等割の問題があるので、多いほうがいいというわけでもありませんが、資本金は数百万単位が望ましいです。最近では、法人設立後に預金口座を開くことも困難になってきています。また資本金が小額だと金融機関から「それ、事業として成り立っているの？」という見方をされてしまいます。

　資本金というものは当たり前の話ですが、会社を運営する上での元手資金です。もちろん、創業時にお金を借りるケースもあるでしょう。しかし、創業時にお金を借りなければ回らない事業というのは、準備不足であるという見方もできます。つまり、「もうちょっとお金をためてから創業したらいいんじゃないの？」というわけです。

　本気で事業をしようとしているのかどうかの境目というものは判断が難しいですが、それを問われる傾向にあるのです。その「本気度」を見る一つの指標が資本金の額になっています。

　資本金のほかにも、法人の名称（商号）がふざけていたり、資本金の額がゾロ目だったりと、面白半分で会社を作っているのではないかと見られただけでＮＧになってしまうこともあるようです。

　また、事業性という観点も重要です。個人事業主として開業したり、法人を設立して代表者になっていても、実態はどこかの会社の従業員で

は、金融機関から「それでは事業として成り立っていませんよね」と思われてしまうことがあります。一度そう思われてしまうと、金融機関との付き合い方が難しくなります。

　事業として独立できているのかも重要です。誰かの傘下で動いていて、実権者は他にいるのではないかと思われてしまうケースです。
事業を始めようと思ったときは、資本金のことはもちろん、「本気で事業をするのか、していくのか」という当たり前のところに立ち戻る必要があるといえます。

（3）株を分散させるリスク

　「私とＡさんは仲が良く、共同経営のかたちを取りたいので、株を半分ずつにして会社を設立します！」

　「Ａさんが私の会社に出資したいと言っているので、増資しようかと考えています！」

　こうした考えを全否定はしませんが、一般的な中小企業の場合、株式の分散は、特に対金融機関という観点からするとあまりすべきではありません。自分とＡさん100万円ずつ出して200万円の資本金でスタートするより、自分1人で資本金100万円のスタートをするほうが断然良いということです。

　株の比率によって何が変わるかというと、
  ・持ち株比率が 1/3 超あると、特別決議の拒否権があります。
  ・持ち株比率が 1/2 超あると、普通決議を単独で可決できます。
  ・持ち株比率が 2/3 超あると、特別決議を単独で可決できます。

　ですから、少なくとも 2/3 超は社長が株を持っていてほしいのですが、それに満たない場合、外部株主がいることでマイナス影響を受けることがあるということを社長さんには認識してもらいたいと思います。

　そういう意味では、取締役などの役員指名も同様に注意が必要です。金融機関は新しい会社と付き合うときにその会社のことをいろいろ調べ

るのですが、株主や役員も調べます。その際、社長自身は清廉潔白であっても、一部の株主や役員が、以前に会社経営に失敗していて破産している等、思わぬ情報がその時に出てきたりすることがあります。

　また、一部の株主や役員が別の会社を持っていて、その会社とグループ視されることもあります。

　こうした場合、「あなたの会社には○○さんがいるので、当行としてはお付き合いできません」という言い方はされません。理由を告げないまま、「申し訳ありません」で終わってしまいます。すると、どうしてだめなのか原因が分からないため、なかなかその原因を取り除けず、ずっと金融機関と取引ができないままになってしまう可能性もあります。

　ですから、単純な理由から株を持ってもらう、役員になってもらうことは避けましょう。

　実際、私の知っている会社で、なぜか金融機関からお金が借りられないということがありました。決算書や社長個人の状況も問題がないのに借りられないのです。たまたま非常勤役員に原因があるのではないかという情報を得て、調べてみたところ、確かに彼が原因で借りられないということが分かりました。そこで、非常勤取締役がその会社の経営にほぼ従事していないという一点を言いたいがために、それだけ書くと怪しいので、全体的な会社の状況説明書のようなものまで作成して、ようやく借りることができました。

　このケースはたまたま情報を得られたのでラッキーな事案です。予想外なことで足を引っ張られているケースもありますので、そういう意味では、特に株主構成、準じて役員構成は安易に決めるべきではありません。

（4）サブバンクの重要性

　たくさんの金融機関があり、それぞれに特色があります。お金を借りる時、その会社の状況によって、借りる金融機関や商品を選択する必要があります。一般的に、会社にはメインバンクとサブバンクがあります。

　まずメインバンク。極端な言い方をすると生死を共にするビジネスパートナーです。大事なパートナーを金利等でコロコロ変えるのは論外です。基本的に会社はメインバンクと協力しながら事業をしていくのですが、メインバンクとだけ取り引きすることが正解ともいえません。

　サブバンクを作っていくことも検討しましょう。サブバンクの開設については、メインバンクにその旨を話したうえで進めても、そこまで反対を受けるものではありません。

　そのうえで、会社のステージや状況によって、金融機関との付き合い方を検討します。創業期、成長期、円熟期等、そういうステージももちろんですが、純資産が十分厚く、会社に力がみなぎっているときもあれば、会社が苦しく低迷しているときもあるでしょう。会社に力がみなぎっている時こそ、万が一苦しく低迷する事態のことを考えて、メイン、サブ関係なく金融機関との付き合い方を安定化させましょう。たくさんの金融機関が営業してくるからといってコロコロ変えていると、いざという時に助けてくれるところを探すのに苦労する可能性があります。

　また会社の状況がいい時は、簡単に借りられる商品や、保証協会の枠を使ってしまうことをなるべく避けましょう。なぜなら、状況が悪くなったときは、格付が悪くなってからでも使える商品や金融機関に頼るしかないからです。

　融資を受けたいときは、メインバンクであれサブバンクであれ、その意向を伝えたら担当者からきっとその時に最適な提案をしてくれるでしょう。そのためにも日々において、良い関係を築いておくべきなのです。良好な関係性は一朝一夕でできるものではありません。

　しかし、どうしても何かしらの理由からメインバンクを変更したいということもあるでしょう。コロコロ変えるものではない、というのが大前提ですが、実際にメインバンクを変えた会社の話をご紹介しましょう。

　その会社は個人事業から始めて、数年後に法人化しました。

　個人事業の時代は業績が振るわなかった時期もあり、借入の本数が多

く、また複数の金融機関から融資を受けていました。ただ実質は、メインバンク以外からの借入は少額で、基本的にはメインバンクとのみコミュニケーションを取っているような状態でした。社長はそれで問題を感じておらず、これまで取引をしてきたのです。

　ある時、社長がメインバンクに対し、借入をまとめたり、整理したいので、何か提案してほしいとお願いしました。手元資金にも余裕ができ、借入負担を少しでも減らしたいという意向だったのです。しかし、なかなか提案がない状況が続き、数カ月ぐらいそのままでした。

　私は社長から依頼されて、まずそのメインバンクの担当者に電話し、再度提案してほしいとお願いしました。なんとそれでも音沙汰なし。ちょっと他の金融機関にも聞いてみようということになり、出入りしていた別のいくつかの金融機関に連絡を取り、提案をお願いしました。するとすぐに複数の提案が届きました。そのなかで通算支払利息が約400万円減額する提案をしてくれたところに借り換えすることにしました。

　社長としては、元々のメインバンクとのつながりは大事にしたいという考えを持っていました。いくら待っても提案の連絡がなく残念ではあったものの、定期積金等は御行で継続していきたい、取引は続けたいということをメインバンクの担当者に伝えました。

　それで終わりかと思ったら、事件が起きたのです。そのメインバンクの支店長が飛んできて、「一生うちを使えないようになりますよ」と言い、社長と揉めたのです。

　確かに、乗り換えされてしまうので、支店長が焦るのも分かりますが、催促しても提案をしてこなかったのですから、自業自得ではないでしょうか。押し問答の末、話は平行線のまま何も解消されず、その場で返済の期日を決め、店舗へ社長が行って返済手続きをすることになりました。

　返済当日、社長が店舗へ行ったところ、「本日は返済手続きできません」と言われました。揉めに揉めて、応接室で数時間待たされた末にやっと返済手続きができたそうです。当然、その金融機関とは疎遠になりました。

この金融機関の対応をどう思いますか？

私は実際にその場に居合わせていないので、社長からこのやり取りをうかがっただけですが、大変驚きました。これではメインバンクを変えようと思っても無理ありません。

その社長さんは、今ではこの時に変更した金融機関と密な取引をされています。

これは極端な例ですし、実際ここまで問題がこじれる話はあまり聞きませんが、メインバンクの変更はやはり会社にも金融機関にも多少なりとも負荷がかかるということを実感しました。メインバンクはコロコロ変えるものではありません。しかし、会社の状況やステージによっては再検討しなくてはいけないケースもあると思います。

（5）黒字を最優先すべきなのか？

赤字か黒字かといったら、もちろん黒字がいいことは事実です。ここで書きたいことは、あえて利益を出すことがいいのかということです。

これは程度の問題です。そもそも、一見分からないよう無理に黒字になるようにしたところで、意外と金融機関の担当者には気づかれています。また大規模な経理上の工事をしてしまうと、貸借対照表に大きな歪みが生じてしまいますし、黒字に転換したことによる税負担も生じてしまいます。

近年は別表調整を加えることによって、会計は黒字なのに所得計算上だと赤字になるようなものを見ることもあります。これも「別表五（一）」にしっかりと歪みとして残ってしまうのです。

このように何かしらのテコ入れをすることで、将来に負の遺産を引き継ぐことになります。負の遺産の蓄積は会社にボディブローのようにダメージをジワジワ与えていくことにもなりかねません。例えば、売掛金をかさ増しすれば、どこかで売上の計上を削らなければ、正しい売掛金の金額になりません。買掛金を減らせば、どこかで仕入れの計上を正規

に戻す、多く計上する必要があります。在庫を膨らませて利益化すれば、どこかで減らさないといけないわけで、問題の先送りをしつづけると、負の遺産が雪だるま式に増えていくことになり、全く解消できない状況に陥ることもあります。

　ただ、黒字化の判断が正しいか否かは、その当事者が決めることですので、税理士が意見すべき範疇を超えていると思います。とはいえ、軽く考えていい問題ではないことは確かです。

　実際にあった話をご紹介します。

　業歴の長い会社で、毎年少しの赤字解消のため、売上を決算期末で増やして、なんとか黒字にしていたそうです。100万円程度の売上の積み増しを10年以上継続しており、その解消ができないまま期が進んできたところ、金額の多さから積みあがった売掛金が金融機関に把握されてしまいました。もちろんその積みあがった売掛金は落とさないといけないのですが、貸し倒れの損失でもありませんし、前期損益修正損として落とすぐらいしかなく、大幅な赤字となりました。

こうしたケースの問題は赤字だけでは終わりません。

　「この会社は決算書をごまかす会社なのだ」と、金融機関から信用を**失ってしまうのです。**これから出てくる決算書そのものが疑いのまなざしを向けられてしまいます。さらに、粉飾が明らかになってしまうと、その情報は取引銀行のみにとどまらないこともあります。保証協会に知られれば、保証協会の商品が使えなくなることもあるかもしれません。

　また何らかの形でリサーチ系の会社に知れ渡ってしまうと、既存取引の停止等に発展する恐れもあります（実際、粉飾の情報が帝国データバンクに知られてしまい、それ以降の取引が厳しくなってしまった会社がありました）。

　「これぐらい……」という軽い気持ちが積もり積もって取り返しがつかないことにもなりかねないのです。

（6）フリーローンという必要悪の是非

　私個人はあまり好きではないのですが、フリーローンという商品があ
ります。会社で融資が受けられない場合、用途の制限なく、代表者個人
で借りられる商品です。オリックスなどが保証しており、金額は数百万
円程度のものをよく見ます。金利が高く、下手すると15%近いものも
あります。もともと資金繰りが困難だったり、会社の業績が悪かったり
する人が、藁にもすがるための商品といえますが、実際これによって救
われる人はたくさんいると思います。しかし、このフリーローンに手を
出す前に検討すべきことがあるような気もします。

　そもそもフリーローンを利用しようという会社は資金繰りが困窮して
いるなか、赤字補填等によって一瞬で消えるのに、さらに高利を負担し
ていくことになります。雪山で遭難したとき服を燃やして暖を取るよう
なもので、その場しのぎにもならないケースもあると思います。私は、
フリーローンを利用するくらいならば、既存融資の条件変更をお願いす
るほうがよっぽど建設的だと思っています。

　フリーローンは高利が取れます。だから、担当者によっては他の商品
が使えてもフリーローンを進めてくる場合もあります。

　私のクライアントで、業績悪化に苦しむ会社が、どうしても資金不足
で追加の融資をメインバンクにお願いしました。すると、「残念ながら
この商品しか使えない」と、フリーローンの商品を提案してきました。
私は、社長が仕方なく借りることにしたということを、借り入れたあと
で聞きました。

　確かにその会社は厳しい状況でした。この商品しかないと言われて、
そうなのかと納得できる部分もありました。しかし、本当にフリーロー
ンという選択肢しかないのかと思い、この会社の日本政策金融公庫の国
民生活事業担当者と、借り入れたのとは別の金融機関の人を通じて保証
協会の枠の残りがあるかを確認しました。結果は、日本政策金融公庫で
も保証協会でも、少額ですが追加可能だと言われました。

保証協会に関しては、金融機関によって多少の誤差があるので、フリーローンしかないと判断した可能性もありますが、少なくとも日本政策金融公庫の分は追加の融資が可能だったのです。当然、私は激怒しまして、その金融機関の担当者に電話しましたし、クライアントはメインバンクを別の金融機関に変えることにしました。

　その後、このお客さんはフリーローンの高利にしばらく苦しめられることになりましたが、他の借入をすることでなんとか、今も苦しいながらがんばっていらっしゃいます。

　フリーローンは必要悪かもしれない商品だと思います。だから存在そのものは私も否定しようと思いません。ただ、このケースの時は順序が違ったかなと思っています。ただそれだけのことです。

（7）融資に魔法の手は存在しない

　ここで言う「魔法の手」とは、どうやっても借りられない方が、どなたかの手（例えば税理士の手）を通じることによって借りられるようになる、ということです。フリーローンと似た話ですが、そんな魔法の手なんてものは存在しないと思っています。

　成績が 50 点の人を 60 点に引き上げることはできると思います。これは魔法の手ではありません。いわゆるテクニックや知識が魔法の手と目されることがあります。お金に困った社長さんは、テクニックや知識を持った税理士に魔法の手を期待するわけです。しかし、私がお客さんに提供しているのは逆上がりの踏切板のようなお手伝いをすることであったり、逆上がりできるようにどう特訓していけばいいかなどを会社と話し合って、共に進んでいったりするものです。10 点の成績をいきなり 80 点にするには、決算書そのものを無理やり変更しない限り不可能です。無理やりの変更とはすなわち、詐欺行為か、それに近いものだと思います。逆上がりの例でいうと、そもそも別人にやらせているか、CG を使っているとか、そういうレベルの虚偽な

のです。

　私個人としては、そんな「魔法の手」にすがらなければならない状態の会社の力になれる存在こそ、やはり顧問税理士であり、取引金融機関だと考えています。

　八方塞がりになっている社長さんに提示された、融資実行手数料が何十％もの商品を見ることがあります。多額の手数料を取られたとしても、融資が実行されることで急場しのぎにはなるかもしれません。ただ、それでは結局苦しみを増やし、問題を先送りにしているに過ぎないのではないでしょうか。そういう意味でも魔法の手は存在しないし、存在してはいけないと思っています。

3 付き合うべき金融機関を知るための情報収集術

どの金融機関と付き合うのが最適か。それを知るには情報収集が欠かせません。岩田流・金融機関から情報を得る手法を伝授しましょう。

　金融機関にも、この業種が得意、この業種は難しいということはやはりあります。できれば自社の業種が得意な金融機関と付き合っていきたいと思うのが社長さんの考えでしょう。

　ただ、この得意不得意は変わることもよくあります。身もふたもない言い方をしてしまえば、結局のところは属人的な部分が大きいのです。担当者や支店長が変わるだけで、大きく変わります。ほかにも、「○○銀行がトラブルを起こした」とニュースになったり、内々でとある店舗が何かトラブルを起こした場合などでも、方針が変わります。おそらく読者の方が考える以上に、**本当に頻繁に変わります。だからこそ、鮮度の高い情報の収集が必要なのです。**

　「○○銀行がこういうことをウリにして新規を積極的に取っているらしい」とか、「××銀行は最近この業種への融資を抑えているらしいよ」という類の噂話は積極的に裏を取りましょう。「うちの支店長はこういう案件は NG（もしくは積極的）です」ということがないか聞くこともありです。

　基本的に既存の借入を他行が奪うというのは紳士協定違反ですが、実際はそういうやりとりが存在します。そうしたなかで、「うちは○○銀行分の借り換えはできません」ということもあります。これは、金融機関同士がそういう取り決めをしていることがあるためです。

　私は税理士になって最初のころ、自身の技術とか、知識を高めること

がお客さんにとってもっとも良いことなのだと思っていました。けれども、日々変わる状況を目の当たりにして、結局は情報収集力に尽きるというところに至ったのです。税理士が情報収集をしていると、公にできないような情報がたくさん収集できてしまうこともあります。ただ、そういう情報は裏を取るのが難しかったりすることもあって、情報の取得に工夫がいります（公にされていない情報は、直球で聞いてもはぐらかされるので）。

　具体的には、「AとBの金融機関は紳士協定結んでいる」という噂を聞いたときに、営業の方に知らないふりをしてさり気なく聞いてみたり、あえてその金融機関へ乗り換えの話をしてみたりします。雑談のなかで、「紳士協定を結んだんだって？」とカマをかけるような発言を入れることもあります。すると、秘密にしている内部事情であっても、「え？なんで知ってるんですか？」と言われることがあり、裏付け完了となるわけです。

　こうした情報に基づいて、お客さんの業種やステージごとに「融資を受ける際はこの順序で金融機関に打診していこう」と方針を決めることができます。

　私の特性というか得意分野はきっとこの部分になると思います。難しいBS科目のナントカ率がどーのこーの、という類の話はほとんどできません。

　私は、打診する順序をある程度組み立ててから、決算書を提供する前に、いろいろな金融機関に感触を聞いてからスタートさせます。これは、金融機関の人達と私のルールとして決めています。その金融機関にとって、箸にも棒にも掛からない案件なのに、資料提供してやり取りを進めてしまうと、検討する分の時間が無駄になるからです。また、各金融機関の感触をつかむことで、別の案件に活かすこともできます。

　そうやっていると、本当に毎年、変わっていることを感じます。去年の今頃は○○銀行が融資を受けやすくて、その銀行中心にお願いしてい

たのが、今年は全然違うということがザラにあります。

　あとは人です。担当者によって対応が変わることは珍しくありません。営業の担当者は若い子が多いため、人によっては過度に不安になって「上司を出せ」とか「支店長呼んでこい」と思うかもしれませんが、そこまですべきかどうかもケースバイケースです。むしろ、きちんと担当者と向き合うべきだと私は考えています。

　上司や支店長という存在は、結局のところ後方支援担当です。要は後押し役で、実際に案件を進めてくれるのは担当者なのです。とはいえ、要領のいい担当者はたくみに上司を絡めてきますが。

　私は基本的にお客さんのいいところを担当者にとことん説明します。大事なことは、担当者が「いい会社だから応援したい」と思ってくれることです。担当者の経験が浅そうかなとか、うまく話が伝わらないなと思ったときは、上司や支店長を巻き込むこともあります。ただ、それは最終手段にしておくべきだと思います。

　自分と合う担当者に出会えた時点で、本当にもう百人力なのです。

第6章

ステージ別
金融機関との付き合い方

1 創業期の会社の付き合い方

創業期は企業が最もサポートを必要とするステージです。金融機関の信頼を得て、事業を波に乗せるための付き合い方をご紹介します。

(1) 創業期に融資を受けることが難しい理由

　創業期の融資商品があまり見られないのはどうしてでしょうか。それは、創業期だと状況を判断できる資料がほとんどないということと、デフォルトの確率が高いとされているからです。

　デフォルトとは、貸したお金がきちんと返ってこなくなる状況を指します。一般的にデフォルトというと、標準装備とか基本設定、初期設定といった意味で使うことが多いと思います。余談ですが私自身、金融機関の人が「デフォルトが〜」と話をされていた時に、最初は基本設定、初期設定のほうで解釈していたので、話の内容が意味不明だった記憶があります。

　話を戻すと、当たり前のことですが、金融機関にとって貸したお金がきちんと返ってくることこそ重要です。したがって、デフォルトする可能性が高いところに貸したいとは思いません。

　創業期と赤字、債務超過の会社はデフォルト率が高いということがデータとして実証されています（格付は膨大なデータを元に企業のデフォルト率を確認してつけられているのです）。中小企業白書でも、開業後間もない企業は生存率が低いとされています。生存率が低いということは、存続維持できずに潰れてしまう会社が多いということです。この理由は、企業経営を行う上で必要な、資金管理、人材・労務管理、技術・製品、市場へのアプローチ等の知識やノウハウが乏しいためといわ

れています。

　融資というものは基本的に短期間ではなく、何年かの長期間にわたって返済するものです。だから金融機関としては、デフォルトが懸念される対象に対して消極的になります。したがって、創業期にお金を借りることは難しいと割り切って、十分な準備をすることが望ましいと思います。

　とはいえ、融資が必要になるケースもあるでしょう。そんな時、金融機関はどのようなポイントで融資するかどうかを判断するのでしょうか。重視される要素の一つとして「人柄」が挙げられます。融資の際は基本的に面談を要しますが、この時に人柄を見るのです。

　見た目で人を判断するなとよく言いますが、見た目がきちんとしていたり、質問に対して誠実な回答が返ってくると、やはり返済に対する安心感へつながります。スーツでなければいけないということはありませんが、創業を考えている方は自分がお金を貸しても大丈夫だな、安心だなと思えるような姿をイメージして面談に臨むことが大切です。

(2)　創業融資に一番強い金融機関は？

　結論からズバリ言うと、**創業融資で一番頼りになるのは日本政策金融公庫の国民生活事業**でしょう。保証協会に創業向け商品がありますが、私が仕事をしている大阪では、どんどん厳しくなっている傾向にあります。「あるにはあるけれども使いにくい」という印象です。日本政策金融公庫の国民生活事業で新規開業資金を借り入れる場合、個人事業の開業でも、設立したての法人でも構いません。

　現行の概要は以下のとおりです。

　"利用対象者「雇用の創出を伴う事業を始める方」、「現在お勤めの企業と同じ業種の事業を始める方」、「産業競争力強化法に定める認定特定創業支援等事業を受けて事業を始める方」又は「民間金融機関と公庫による協調融資を受けて事業を始める方」等の一定の要件に該当する方。

なお、本資金の貸付金残高が 1,000 万円以内（今回のご融資分も含みます。）の方については、本要件を満たすものとします。

　資金使途：新たに事業を始めるため、または事業開始後に必要とする設備資金及び運転資金 ″

出典：日本政策金融公庫「新創業融資制度」より

　創業計画書は【図表 6-1】のような書類です。日本政策金融公庫の web ページからダウンロードできます（https://www.jfc.go.jp/n/service/dl_kokumin.html）

【図表 6-1】創業計画書

出典：創業計画書（日本政策金融公庫 web ページ）

　日本政策金融公庫の国民生活事業がこの計画書で見ているポイントとしては、

ⅰ）**なぜその事業を始めるのか**（計画書の左部分）

　お客さんであるターゲット層の把握はできているのか、販路は明確か、事業主（社長）の資格、経験は十分か、商売を始める要件は満たしているかなどを記載します。

ⅱ）**損益バランスは大丈夫か**（計画書の右下部分）

　現実にそった事業計画を立てることができているかです。

　売上や売上原価、経費などは記載した計算根拠を右の空白部分に記載します。

ⅲ）**何にいくら必要なのか**（計画書の右上部分）

　店舗などの設備、最初の仕入れ代金など当初必要なものは何かピックアップして書き出します。また収支のバランスがとれるまでのその他運転資金も記載します（黒字になるまでは事業によりますが、約1年程度をみることが一般的です）。

　【図表6-2】は必要なものの資金調達を把握するための簡易的な表です。

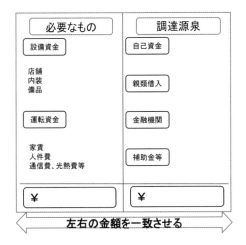

【図表 6-2】何にいくらかかるのか

　必要なものをピックアップして左側に書き出したら、右側にその調達源泉を記載しましょう。日本政策金融公庫で借りる部分と自己資金を記載するのが一般的です。まったく自己資金が無いというのは話になりません。これからお金を借りて返済しなければいけないというときに、手持ちのお金がないということは、あったらあっただけお金を使ってしまう人と思われてしまい、信用されません。

　例えば、「宵越しの銭は持たない」という人に対して、あなたはお金を貸せるでしょうか。自分の立場で考えたときに貸せるかどうか。その点はどんな時でも大事な視点の１つです。だからこそ、創業前は自分でお金を貯めることを意識しましょう。

　日本政策金融公庫の融資の場合、創業のためでなくても通帳の原本を持参しなければいけません。そこで通帳履歴を確認されます（直近半年ぐらいから長くて１年ぐらいの履歴を確認します）。

　創業の場合は、まず生活に利用しているメイン口座の動きを中心に確認していきます。例えば給料として入ってきたお金がどのように流れているかといった点です。少しずつでもお金が貯まっていっている状況が分かると望ましいとされています。メイン口座以外については、財産力の確認という意味があります。例えば定期預金に 100 万円あったとすれば、それはそれでもちろん好印象です。

　開業の際に創業融資を検討している場合、この自己資金をきちんと確保することが時間のかかるポイントでもあります。少額でもいいので貯めるようにしましょう。

　創業融資の際に求められる資料は次のようなものがあります。

・創業計画書
・自己資金の分かる通帳、その他生活における資金の流れが分かる通帳
・身分証明書

・固定資産を保有している場合は固定資産税の通知書

・本店所在地、自宅の賃貸契約書（賃貸の場合）

・会社を辞めて創業する場合は、源泉徴収票や給与明細

　このほか、許認可を必要とする事業の場合は許認可証の写しも必要です。

　たまに漫然と融資の申込に行ってしまう人がいますが、考えなしに行くのは要注意です。当たり前ですが、何となくでお金を貸してくれる人などいません。融資の申込をして否決されてしまった場合、その履歴が残ってしまいます。否決されてしまったものを、再度取り上げてもらうということは、やはり困難が伴います。また創業期が終わるまで（創業して2期申告を終えるまで）は、あまり融資商品がありませんし、同じ商品を短期間で何度も依頼することもできません。

　したがって創業時の借入は、一度の融資で2期過ごすことが前提になります。多額の融資申込をしろという意味ではありません。創業期は節度のある、身の丈にあった投資、運営を行うことが重要なのです。

　ちなみに、個人向けのビジネスに関しては、見方が厳しくなる傾向にあります。倒産率の高い商売であるものとして考えられているからです。そのようなビジネスを予定されている場合は資料作りや自己資金作りは入念にしましょう。

（3）好感を持たれる創業計画書

　私がお客さんに創業計画書を作ってもらった場合の予定損益は、ほとんどの場合、最初から利益がたくさん出ていたり、開始して1〜2カ月で軌道に乗るような計画になっています。

　起業しようと考えている人は、当然、儲かる自信があるから起業するわけで、強気の展望が悪いとは言いません。しかし、創業計画書はお金を借りるために金融機関へプレゼンする資料です。厳しい言い方をしますが、夢を語ってばかりでは金融機関は前向きに対応しづらくなってしまいます。

むしろ、審査する方の気持ちがどんどんと引いてしまう可能性もあります。

　自分の意欲や目標と反するかもしれませんが、最初は事業が厳しく、徐々に軌道に乗っていくような計画にしましょう。身の丈に合わない過度な投資計画も NG です。自己資金が潤沢にあって、それを投資等に回すのであれば誰も文句は言いませんが、借りた資金を使おうというわけですから、その点にも十分に注意しましょう。

　資金を借りられなければ事業が開始できないということ自体がそもそも望ましいものではないという認識を持つようにしましょう。創業計画書には、堅実な計画と、目に見える形になっている自分の経験や実績などを提示するといいと思います。

(4) 創業融資に "2 回目" はあるのか

　例えば、1 回目の創業融資で 500 万円借りたとして、1 年後に 300 万円追加で借りたいということがあると思います。こういう場合、1 回目の創業融資について問われるので注意しましょう。基本的に「2 回目」というものはハードルが随分上がります。1 回目と違い、「なぜ追加資金が必要になったか」が問われるからです。

　つまり、最初に 800 万円ではなく、500 万円で申し込んだにもかかわらず、300 万円必要になったのは、そうなることが予見できなかったということなのか、という要素が加味されるのです。

　この場合、1 回目の予定損益が再度確認され、それよりも実績がダウンしている（予想に比べ、売上等が減少して儲かっていない）のであれば、追加は厳しいと判断されます。逆に、予定よりも業績が良くて、必要運転資金の額が上昇したために追加融資が必要になったということであれば、再検討してもらえる可能性が高いでしょう。

　あまり考えたくないかもしれませんが、万が一追加で創業融資を受けなければならない事態が起きたときのために、当初の創業計画書は堅実に作成すべきであり、その堅実思考から 1 回で済む資金調達をする（そ

2 成長期の会社の付き合い方

成長を一気に加速させるために金融機関を必要とすることもあるでしょう。会社が描く未来をどう語るかのコツをご紹介します。

もそも2回目が発生しないようにする）ことが重要です。

（1）未来計画を設計しよう

　会社の成長期にこそ、事業計画を作ることをおすすめします。漠然とでも構いませんが、事業計画の有無によって、会社の展開は大きく変わります。個人レベルでも、「人生計画」とか「今年やりたいこと」といった目標を具体的に意識している場合と、ただ単に毎日を過ごしている場合とではやはり結果が変わってくるなとしみじみと感じます。

　事業計画の場合、背伸びをすれば届くかなというレベル感で作成することが望ましいと思います。創業計画と同じく、あまり夢いっぱいに作成して、結果未達成で終わってしまうようでは、そもそも作る意味がありません。

　夢のある計画が悪いというわけではありません。むしろ、夢はある方が望ましいと思います。ただ、本書では金融機関との連携、心強いビジネスパートナーになってもらうためという観点での計画書を話しています。したがって、あまり夢いっぱいの計画書だと金融機関的に二の足を踏んでしまう結果になることもあるということは覚えておいてください。

　とはいえ、あまり気負わず、経営者としてこれから会社がどうなっていきたいかをピックアップしていくことが大事です。

（2）未来のために今することは何か

計画を作るときは、未来から逆算していきます。まずゴールを置いて、そのために今は何をすべきか、何を実現しておかねばならないのかを考えます。

　例えば「〇年後に売上〇億円増加」というゴールを設定したとしましょう。〇億円の増加には人を増やす必要があるかもしれませんし、設備等を充実させないといけないかもしれません。人や設備等を増やすには、当然お金が必要です。一部を借り入れるにしても、年ごとの利益から税金を払った後の留保資金を充てていかねばなりません。

　こうしたことを念頭に、計画の達成にいくら必要か、いくらの利益を出していかないといけないかを考えていきましょう。その中で金融機関に頼るシーンが想定されるはずです。きちんとした書類でなくても構いません。可視化できる目標を掲げるだけで意識が変わると思います。

　私のお客さんの社長は、毎年、社員アルバイト全員と目標を掲げて取り組んでいらっしゃいます。また、新しい店舗をオープンする際には、その店舗に関するマインドマップを事務所の壁一面に作っていらっしゃいます。

　いきなり目標を作るのは難しいという場合は、短期的な目標を作ることから始めてもいいと思います。

3 円熟期、事業承継期の会社の付き合い方

今や社会問題となっている中小企業の事業承継。中小企業庁の事業承継ガイドラインにも税理士と金融機関の果たす役割が期待されています。

(1) 日本の事業承継問題〜承継か売却か〜

　近年、日本では事業承継問題が大きな問題となっています。あちこちで事業承継に関するセミナーを見かけます。円熟期の会社の最たる課題といえるでしょう。

　これは、日本の経済、社会基盤を支える中小企業経営者の高齢化が要因になっています。

　【図表6-3】、【図表6-4】は中小企業庁の事業承継ガイドラインのものです。

【図表6-3】中小企業の経営者年齢の分布（年代別）

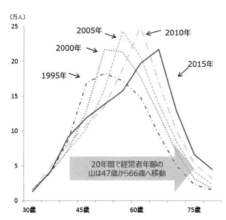

出典：事業承継ガイドライン（中小企業庁）

【図表 6-4】経営者の平均引退年齢の推移

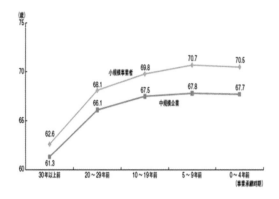

出典：事業承継ガイドライン（中小企業庁）

　明らかに経営者の年齢は高齢化し、引退を考える年齢についても高齢化が進んでいることが分かります。経営者における高齢化の進行は企業の業績停滞に直結します。2019年現在は、66歳前後の経営者が最も多いといわれており、今後5年間で30万人以上の経営者が70歳を迎えます。「2025年問題」として、70歳超の経営者が6割を超えると試算されています。

　経営者が高齢化する一方で、**【図表 6-5】**のように現時点における後継者の未定も問題となっています。

　なぜ後継者が未定なのでしょうか？

　2016年に日本政策金融公庫総合研究所が公表した調査によれば、調査対象企業4000社のうち、約半数が廃業を予定していると回答している結果が出ています。

　廃業予定とする理由とその割合は**【図表 6-6】**のとおりです。

【図表 6-5】後継者の決定状況

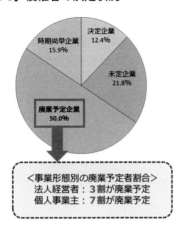

出典：事業承継ガイドライン（中小企業庁）

【図表 6-6】廃業予定企業の廃業理由

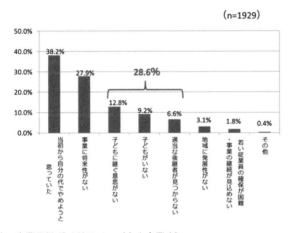

出典：事業承継ガイドライン（中小企業庁）

　従来のように、経営者の子息や親族へスムーズに承継を行えばいいというだけでなく、M&Aを含めた第三者への承継という選択も視野に入れながら問題に取り組まねばならない状況であるといえます。

　【図表 6-7】は 2015 年に中小企業庁が実施した調査です。

【図表 6-7】経営者の在任期間別の現経営者と先代経営者との関係

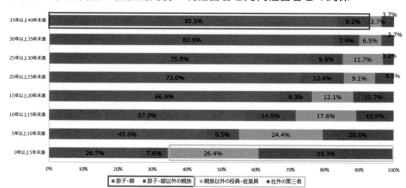

出典：出典：事業承継ガイドライン（中小企業庁）

　親族内承継が難しくなっている昨今ですが、経営者の在任期間が 35 年以上 40 年未満の層では「子供への承継」と「子供以外の親族への承継」が 9 割を超えています。一方、在任期間が短いほど、従業員や第三者への承継が増加しており、年々増加傾向にあります。

　後継者の育成期間も含めれば、事業承継準備には 5 〜 10 年を要するとされており、現状の経営者の平均引退年齢が 70 歳前後であることを考慮すると現経営者が 60 歳前後には事業承継に向けた準備をしなければならないと考えられます。現在ある企業を存続させ、現経営者が健やかな引退を迎えるには、事業承継の問題は急務であるといえるのです。

　国は施策として事業承継を円滑に進めさせようとしていますが、金融機関としても取引先の会社がなくなっていってしまうことは困ります。しかし経営者の多くは、日々の業務が精一杯で、事業承継対策といっても何から始めればいいか分からない、誰に相談すればいいのかも分からないという状況です。

　そうした状況にあって、中小企業庁の『事業承継に関する現状と課題』を見ると、その役割を金融機関や税理士に求めていることが分かります。

【図表6-8】後継者問題の相談相手

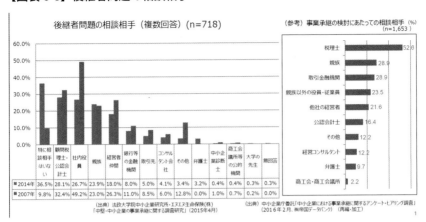

出典：事業承継に関する現状と課題（中小企業庁）

事業承継ガイドラインでは、税理士は次のように期待されています。

"顧問契約を通じて日常的に中小企業経営者との関わりが深く、決算支援等を通じ経営にも深く関与している。経営者向けアンケートにおいても、事業承継の相談先のトップに位置しており、また、一部税理士会においては、後継者不在の中小企業に対するM＆A支援に着手するなど積極的な事業承継支援を行っており、主体的な関与が期待される。今後も、経営者にも近い存在として、事業承継ニーズの掘り起こしの他、相続税に関する助言や株価の評価、生前贈与のやり方や種類株式の発行に関する助言、中小企業会計要領・中小企業会計指針の導入支援等、事業承継に関係する幅広い領域にわたる支援が期待される。"

出典：事業承継ガイドライン（中小企業庁）

また、金融機関にも次のように期待されています。

"取引先中小企業の事業承継支援など本業支援・企業のライフステージに

応じたソリューションの提供は金融機関が実施することが期待される取組であり、今後はさらに充実していくものと考えられる。具体的には、地域経済の活性化の視点を踏まえ、日々の渉外活動の中で、経営者に対して事業承継に向けた準備を促すことが望ましい。さらに進んで、セミナー・訪問等による情報提供や専門家の紹介、Ｍ＆Ａマッチングの実施、株式の取得や後継者による新しい取組等に必要な資金需要への対応といった、個々の中小企業の具体的事情・事業承継の段階に応じた支援を行うことが期待される。"

出典：事業承継ガイドライン（中小企業庁）

　金融機関側もこうした要請に呼応して、事業承継問題に取り組もうとしているところが増えてきているようです。

（2）後継者等を定めよう

　中小企業の場合、社長＝会社であり、社長に何かあるとたちまち経営状況が悪化してしまうこともあります。したがって金融機関にとって社長に何かあると大きな問題となります。借入の返済が危うくなってしまったり、新たな支援をしにくくなってしまうのです。

　ですから、円熟期の会社の場合は、今の社長の退任後、会社がどうなっていくのかを**安定している今こそ示す必要があります**。誰かに引き継ぐにしても、売却するにしても、そう決めたからといって、すぐに実現するものではありません。やはり早めに検討し計画を作成することが大事です。

　事業承継計画の作成は、難しく考えるようなものではなく、経営計画で事業承継に重きを置けばいいと考えてください。何年後に誰へ事業を承継するか、それとも売却するのか。ゴールを定めます。そのために一つひとつ課題を解決していかねばなりません。

　問題は多岐にわたるので、**【図表 6-9】**の構成要素を参考にして、自社の課題をピックアップしていきましょう。

【図表 6-9】後継者に承継する 3 つの要素

出典：会社を未来につなげる 10 年先の会社を考えよう（中小企業庁）

　事業承継はお金がかかります。自社株式や事業資産の取得、そのための納税資金などいろいろと必要です。金融機関の支援なしでは事業承継そのものがうまくいかないことも十分にあり得ることなのです。

　経営者が交代することの不安から、取引先の支払い条件見直しを迫られたりすることや、新たな資金支援の際は、経営者個人の債務、保証、差し入れている個人資産の担保などが問題になることもあります。事業承継計画を作成する際は、こうした要素も考慮しましょう。また、事業承継は長期間にわたり税制が絡みます。したがって、こういう点からも金融機関と税理士の連携強化が大変重要です。

　金融機関は、業況の良い会社には、相続対策や事業承継計画などを促し、業況の厳しい会社に関しては M&A や資金繰り改善を促します。金融機関は「"良い会社"は廃業すべきではなく、**事業承継や売却をすることで存続させていくべき**」と考えているのです。

4 赤字（事業再生期）の会社の 付き合い方

赤字脱出には金融機関から、「融資しても大丈夫」と思ってもらうことが重要です。どうやって安心してもらうかは付き合い方が鍵を握ります。

（1）赤字の"質"を把握し改善計画を伝える

同じ赤字でも"質"があります。どうして赤字になったのでしょうか。例えば、建物を売却したことで大きく損失が出た等、固定資産売却損失が大きくなった場合、これは一過性の赤字です。一方で営業利益が赤字の場合、これは本業の赤字です。

赤字の質は、損益計算書や法人税の別表七で確認できます。

売上
△売上原価
売上総利益
△販管費
営業利益

営業外収益
△営業外費用
経常利益
特別利益
△特別損失
税引前当期利益

損益計算書は左のように並んでいます。経常利益まで確認している金融機関もありますが、重要なのは営業利益です。なぜなら本業でしっかり稼げているかが分かる数値だからです。経常利益は投資など"営業外"が加味された数字のため、一過性の可能性もあります。税理士のなかには最終的な税金に気を取られて、営業利益や経常利益の数字に無頓着な方もいますが、営業利益の数字を良くすることで金融機関に対して"強い資料"が作れるのです。

赤字の会社は、いつもの金融機関で支援が受けられない場合、飛び込みで来た金融機関に融資を打診することがあります。しかし、営業利益が2期以上の連続赤字だったり債務超過だと新規参入

を躊躇するでしょう。

　そもそも「なぜ融資を受けるか」、「金融機関がどう考えるか」という基本に戻って考えましょう。

　融資を受ける目的は大きく分けて運転資金と設備資金があります。運転資金とは、会社を維持、発展、成長させるために予め資金が必要になり、それに当てる資金のことです。設備資金とは、会社を維持、発展、成長させるために固定資産等を購入するのに当てる資金のことです。

　赤字の際の資金調達は、会社の維持のための資金といえますが、赤字補填資金という形を金融機関は嫌います。貸してもすぐに滞留気味の仕入債務に変わったりするだけで赤字解消の根本的な対策にならないからです。それと、貸してから短期間で当初の返済条件では厳しくなったり、返せなくなるリスクが高くなったりするからです。

　赤字の場合、基本的には既存の金融機関、特にメインバンクに支援をお願いするのが一番です。赤字が一過性でも連続していてもきちんと理由を説明しましょう。連続している場合は、その連続赤字をどのように解消するのかを示す必要があります。この時にあると望ましいものが経営改善計画書です。「経営改善計画書」というかしこまった形でなくても、この赤字をどう改善していくのかという具体的方法とそれを数字に落とし込んだものがあればいいと思います。

　しかし、それを金融機関に提出したからといって、すぐに「貸しましょう」とならない場合もあります。その場合は、その経営改善計画書どおりに事業が進んでいる証拠として定期的に試算表や決算書で確認してもらうことによって、やっと前向きに検討してくれることもあります。

　「数字は堅実に」これが基本です。実現の可能性が高い計画を作りましょう。あまり堅実にしすぎて、いつまでも赤字から脱出できない計画だと困りますが、「売上が倍々化する」、「業態は変わらないのに、粗利率が大幅に変わる」など、現実とかけ離れてしまうと、計画書そのものを作る意味がありません。

金融機関は返済を重視するため保守的に見ています。売上に関していえば、ほぼ横ばいで作るぐらいであるべきだと考えます。金融機関の担当者からすると、売上が増加するという計画書を作るのであれば、「受注書かそれに準じるものがある」とか、「売上増加を見通す要因となっている得意先との話が進んでいる状況が分かる交渉記録などが存在する」というくらいの裏付けがあってこそだという話を聞きました。実際に「証拠を見せてください」と言われることはないと思いますが、そのぐらい堅実でない限りは、売上計画はほぼ横ばいで作りましょう。

　売上が現状維持だとしても業況が改善するという、会社としてグッと守りを固めたような計画書を作ることが望ましいのです。この状況下で、投資ありきの計画書などはもちろん論外です。大幅な赤字部門を撤退するための支出ということであれば、話は変わってきますが、どんどん売上を上げていくための設備投資に使うという話はNGです。

　経営改善計画書は金融機関に所定のフォームが用意されている場合もあります。それを利用するのもいいと思います。

(2) 赤字でも返済する力があることを示せ！

　金融機関にとっては、「貸したお金がきちんと返ってくるのか」が一番のポイントです。それを判断するために決算書を確認しているのです。通常、返済は利益から行われます。したがって赤字の会社は、通常の会社運営でお金が減少している状況に加えて、既存の借入返済でもお金が減少していることになります。

　赤字の会社が新たに融資を受ける場合は、返済可能であることを資金繰り表によって示すことが必要です。急に資金が増える（資産を売却する等）というケースもあるでしょうが、経営改善計画書の一種として資金繰り表を作成する必要があります。

　経営改善計画書において、売上等の変動を示すこともももちろん大事ではあるのですが、資金状況がどう変化していくかを示す資金繰り表のほ

うが経営改善計画書の重要なポイントになります。

　実際、私が経営改善計画書を作る場合は、

①具体的対策を社長等にヒアリングして数字に落とし込む（原価率を2%改善とか、赤字部門を廃止するからその部門にかかる経費をカットするなど）

②損益計算書にしてみる（3〜5期）

③損益計算書を資金繰り表にしてみる（同じく3〜5期）

④思うような資金の動きにならなければ、再度①を詰めなおす

　これを繰り返します。なかなか一発では作れません。

　上手な方だと短時間で作れるのだと思いますが、私は結構時間をかけて作っています。

　実際は、窮地に陥る前段階で対策するように意識していますので、改善計画書を何本も作るということはしていません。連続赤字や債務超過の場合、土地など担保として提供できるものがある場合を除き、資金調達はとても大変です。赤字に陥る前の対策、経営改善を心がけることが望ましいと思います。

　特に税理士は会社の傍らで、会社の様子を知ることができるのですから。

（3）経営改善計画書の作成には金融機関にもリーダーが必要

　経営改善計画を作成する際は、多大な労力が必要になります。

　事例として、現在私が仲良くしている日本政策金融公庫の中小企業事業部の方と出会った契機の話をしましょう。

　彼とは、私がとある会社の担当をしている時に出会いました。このお客さんはリスケをしていました。今後の展開のため、リスケから脱出させたい、何とかしたいと私は考えていました。

　私は、まず金融機関の担当者に会いにいくことから始めたのですが、その時に彼と出会ったのです。彼は会社を救うという私の考えに最初から賛同してくれました。それから彼がリーダーシップを取り、メインバ

ンクの説得など尽力してくれたおかげで、リスケを脱出できました。

　この時の経営改善計画書は、最終的に保証協会のフォームに従って作成していきましたが、各行とも自分の主張ばかりしたり、そもそも非協力的だったりして、交渉が長期間にわたり、動き出してから最終的に話がまとまるまで、10カ月ぐらいかかりました。

　この時に感じたことは、「**誰がリーダーシップを取るか**」ということです。調整に調整を重ねて数字を作っていくので、誰かがその関係者をまとめていかねばなりません。資料の作成は、当事者である会社や各専門家によって作成されると思いますが、金融機関側にも、調整のためにリーダーシップを取ってくれる存在がいないと困ってしまいます。

　非協力的な金融機関は最終的に外れてもらったのですが、関わっている間は、たくさんの情報を要求され、それに応じた資料も作りました。しかし、金融機関側は言いたい事の主張ばかりで、作った資料を受け入れる体制になっていない状況だったため、大変苦労しました。その時に彼が適宜、アドバイスをくれて全面的に協力してくれたからこそ、きちんと終えることができたのだと思います。すごく細かい数字の資料を読みやすくしようと、わざわざA3用紙を使用し、厚み1センチぐらいになるまで何度も何度もやり直し作成したものです。しかし、資料作成とは調整に調整を重ねて資料を磨き上げていくものだと思います。最初から完璧な資料は作れませんし、そもそも完璧な資料など存在しないでしょう。関係者全員が心から納得できる資料ができればいいのですが、関係者が納得するポイントは人それぞれだと思います。決算書に多様性があるように、計画書にも多様性があることを私は学びました。

　この事例ではたくさんのことを学ばせてもらいましたし、リーダーシップを取ってくれた彼との出会いも含めて、得たものはたくさんありました。しかし、ストレスがかなりかかったのも事実なので、こうしたことはあまり積極的にはしたくないなと思ったことも事実です。

5 中小企業を取り巻く 外部環境の変化と対応

中小企業にとって、外部環境の変化が著しい今こそ、金融機関という存在を考え直す時期にあるのではないでしょうか。

2019年の中小企業白書に中小企業を取り巻く外部環境の変化について記載されています。

そのなかで、中小企業を取り巻く大きな変化として、

・人口減少

・デジタル化

・グローバル化

が挙げられています。

人口減少は中小企業の労働生産性に関わってくるとされています。一方でデジタル化は新たな販路拡大の可能性を秘め、経営の合理化を進めていく流れを促進します。また、グローバル化についても、海外の需要の獲得如何によって、十分に成長の余地を見出すことができます。

このような状況にある中小企業を支援するために、国は補助金や税の優遇規定を設けています。また、金融機関においても融資商品などで「人材育成、デジタル化などの事業改善、国際展開」について支援を行っています。

中小企業は急速な環境の変化に対して、様々な手法等で企業努力をしています。しかし、うまく対応が取れず、不測の事態に巻き込まれてしまうことがあるかもしれません。

ピンチの場合は、本章の「4. 赤字（事業再生期）の会社の付き合い方」で触れたように、経営改善計画書を作成するといった、赤字会社の場合の状況に準じた対応をすることになっていきます。

6 各ステージにある会社と 税理士との関係性

> 企業は各ステージで金融機関と付き合っていきます。その時に税理士は"税理士ならではのアドバイス"を提供していかなければいけません。

　企業がどのステージであっても、税理士としてどのような立場を取るべきなのかは共通しています。それは長期的な視線を持って、融資に臨むことです。融資を受けたときは、当たり前ですが、返していかなければいけません。では、どうやって返していくのでしょうか？　借りたお金で返すこともありますが、基本的には儲かった利益で返していきます。つまり、過度に多く資金調達をすれば、将来の利益＝儲けを先食いしている状態と言い換えることができます。

　創業期や赤字期は、将来の見通しが不明瞭か、やや不安といった状況のケースが多いでしょう（創業期に関しては使える商品が少ないということもあります）。したがって、将来借りにくくなることを想定して、その時に借りられる最大限の資金を調達するという選択肢もあります。しかし、堅実に見た資金計画であっても資金に余裕があるならば、資金をダブつかせる必要はありません。将来の資金繰り予定がいかに手堅く見積もられているかが大事なのです。もちろん資金に不安があれば、利息を払ってでも借りておく必要があります。税理士としては会社の存続のために、会社の資金について、どれだけ保守的に見ることができるかが大切です。

　成長期・円熟期においては、将来の見通しを、過去の実績によってある程度安定した路線に描くことができます。ただ税理士はこの場合でも、いかに保守的に見るのかが大事なのです。

　会社は、どのステージにあっても、基本的には良い未来を描いています。しかし金融機関はどのステージの会社でも、保守的に見ています。

　税理士はその中間的な存在として、会社に堅実な未来図を作る手助けを行い、金融機関に対しては、その計画が実績に基づいたもので、保守的な思考に基づいたものであることを説明します。金融機関から、その会社を応援しようと思ってもらえるように納得させる努力をすることが大切です。

　もしもお客さんが「借りられるだけ借りるべきでしょうか？」と聞いてきたら、私は**「本当に必要な資金のみを借りるべきだ」**と答えるでしょう。これが税理士の本来あるべき姿だと思います。

7 税理士にとって事業性評価はビジネスチャンス

金融機関は企業の事業性を評価して融資する時代になりました。
税理士こそ事業性評価の鍵を握る存在だと私は考えています。

　近年、事業性評価の必要性が問われています。簡単に言えば、金融機関が会社を判断する際は、数値情報だけではなく、会社の事業内容や将来性なども評価せよというものです。実際、金融機関側も、会社の発展に資する支援には積極的な考えを持つ一方、事業性を評価するには担当者の知識や経験による属人的要素が強く、組織として一般化することが難しい印象を受けます。中小企業庁のまとめた事業性評価の必要性に関する資料（【図表6-10】）からは、会社側が評価してほしい項目と実際金融機関が評価しているものとの間に差があります。

【図表6-10】 金融機関が担保・保証以外に考慮している項目と企業が担保・保証以外に考慮してほしい項目

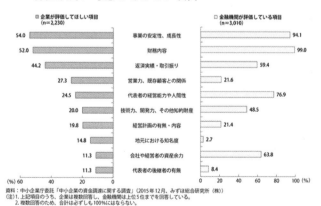

資料：中小企業庁委託「中小企業の資金調達に関する調査」（2015年12月、みずほ総合研究所（株））
（注）1. 上記項目のうち、企業は複数回答し、金融機関は上位5位までを回答している。
　　　2. 複数回答のため、合計は必ずしも100％にはならない。

出典：平成28年中小企業白書（中小企業庁）

【図表6-11】企業が現在利用している融資手法と今後希望する融資手法

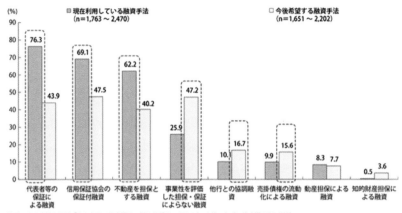

資料：中小企業庁委託「中小企業の資金調達に関する調査」（2015年12月、みずほ総合研究所（株））
(注) 1. 金融機関から借入れのある企業のみを集計している。
　　 2. 複数回答のため、合計は必ずしも100％にはならない。

出典：平成28年中小企業白書（中小企業庁）

【図表6-12】金融機関が現在重視している融資手法と、今後重点を置きたい手法

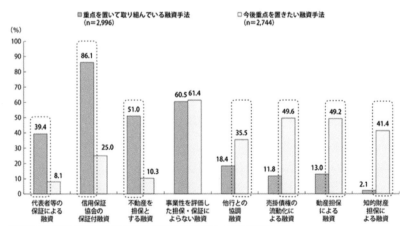

資料：中小企業庁委託「中小企業の資金調達に関する調査」（2015年12月、みずほ総合研究所（株））
(注) 1. 上位5つまでを集計している。
　　 2. 複数回答のため、合計は必ずしも100％にはならない。

出典：平成28年中小企業白書（中小企業庁）

しかし【図表6-11】と【図表6-12】を見比べてみると、事業性評価に関してはどちらも今後に取り組んでいきたいという意向であることが分かります。

　労働関係助成金においても、近年では生産性要件というものが新たに付け加えられています。その生産性要件に関して、実際の生産性が増加していることとは別に、金融機関から一定の事業性評価を得ていることで要件を満たすとされています。つまり、労働局が照会をおこなった企業に関して、金融機関が意見照会書で回答するという手順が踏まれることによって、生産性要件を満たしているということになるわけです。

　事業性評価は、評価方法について課題があり、現状ではまだ広く活かされていないと感じる部分があることは事実です。しかし、その期待は非常に大きなものであるといえます。事業性評価のみならず、本章で解説した事業承継の取り組みに関しても、信託や代表者保証を取らないことに関しても同様に大きく期待されていると思います。

　政治的な思惑によって、法律は変わっていきます。税法における特別償却や特別控除などの特典といわれるものは特にその部分を色濃く受けています。もちろん金融機関もそうした動きに追随していくことにはなるでしょう。しかし、金融機関の貸し出しには、保全（貸したお金がきちんと返ってくるのか）という問題がついてまわるので、保全に関する保証や、健全なスキームが生まれないと、政治的な取り組みもなかなか浸透しないのは当たり前のことです。

　融資を受けたい会社が「今はお金もありませんし、実績もありません。でも将来性を買ってください！」と言ってきた場合、いくら事業性評価に比重が置かれるとはいえ、金融機関にとっては高いリスクを抱えることになってしまうのです。私が、お客さんから同じように「将来の事業性を考えれば融資を受けても大丈夫ですよね」と相談されたら迷うと思います。もちろんお客さんのことは応援したいですし、発展を望んでいますが、過度に重い債務を背負ってしまって身動きが取れなくなっ

た方々も少なからず見てきたからです。

　事業性による評価は、借りる側にとっても貸す側にとっても、今まで
より門戸を広げたという点では、良い取り組みだと思いますし、ある意
味、税理士にとってもチャンスだと思います。何がチャンスなのかとい
いますと、金融機関が企業へ融資するにあたって事業性評価という点を
汲むならば、「これなら大丈夫」という"拠り所"が最終的に必要にな
ります。税理士こそ、その"拠り所"になれる立場にあるのです。

　実際、融資が厳しい状況のお客さんに関して、金融機関側が「分かり
ました。顧問税理士である先生のことを信じて進めましょう」というこ
とがあります。これは、これまで税理士として取り組んできた案件の実
績が評価され、信頼を作ってきたからこそ成り立っています。連帯保証
人になるとか、そういう意味ではなくて、税理士としての信頼をかけて
保証するイメージです。

　お客さんと金融機関との付き合い方も大事ですが、税理士と金融機関
との付き合い方はこういう部分で活きてくるのです。金融機関とのお付
き合いは一朝一夕でできるものではありません。一つひとつ案件を進め、
お互いの信頼関係を作っていかねばなりません。

　今後、事業性評価を加味した融資が広く浸透していくならば、**税理士
と関連金融機関との信頼関係が大きな強みになる**ことは間違いありませ
ん。

おわりに

　本書で述べたように、税理士にとっても「決算書、申告書（試算表）」、「資金繰り表」、「事業計画」、が金融機関と付き合ううえでのポイントになります。業績の良い会社は、上記の点について、特に悩む必要はないでしょう。しかし、業績が悪い会社については、この部分をいかに良いものに作り上げていくかが重要なのです。

　日々の業務において、決算書作成に取り組む税理士と金融機関がより密接に連携することで、顧客満足度の向上と顧客の維持安定を図ることができます。この取り組みに不可欠な金融機関との関係性は本書で何度も申し上げているように、一朝一夕でできるものではありません。共に時間をかけてじっくり取り組む姿勢が重要なのです。

　たくさんの人に出会ってください。たくさん話をしてみてください。

　こうすべきだと思っていたこと、こうしないといけないと思っていたこと、それが確信に変わるかもしれませんし、誤りに気づくかもしれません。どちらにしても、それはあなたの新たな力になります。きっと、ぐっと世界が広がることでしょう。

　本書の作成にあたり、様々な発見がありました。まずは自分自身が金融機関の方との様々な取り組みをしていることの整理ができました。また、たくさんの金融機関の友人たちに、この本の事を話したことによって、やはり顧客、税理士、金融機関の3者連携の強化は重要だと再認識したのです。うまく付き合っていらっしゃる方ももちろんいると思いますが、現場レベルではうまく付き合えていないと感じる話を、執筆している今この時点においてもよく聞くからです。金融機関側からはなかなか歩み寄れないものです。それは金融機関の方が過去に税理士に対して少なからずイヤな思いをしてきている人が多いからです。税理士側も、そのような前提条件（過去に税理士にイヤな思いをさせられたことがあるということ）を知らずに金融機関の人と接すると当たりがきつく感じ

ることも多く、なかなかうまく付き合えないのも分かります。それでも、両者には歩み寄ってほしいなと思います。私の金融機関との付き合いは、連携強化というところから始まったわけではありませんが、私はこの付き合いが少しもマイナスに感じたことがありませんし、とにかく楽しいという思いが大きいです。

　税理士という立場だからこそ、できることもたくさんあるのです。現在、税理士の金融機関との付き合い方の一環で、また面白いスキームを構築できるのではないかと取り組んでいるところでもあります。実際に構築できるかどうかは別として、金融機関との付き合いは、様々な可能性の宝庫だと思っています。

　あと、この本をキッカケに細かい部分での知識の再構築ができました。

　いざ書こうと思って書き始めた際、案件自体はケースバイケースなので、事例を書いても仕方ないと思っていた部分もあって、早々に書くことがなくなったと思っていました。ですが、お客さんと話をしたり、金融機関の人と話をしたりすると、「あ！　これ、書いたほうがいいかも」と思うことが出てきて、それを一つひとつメモしては書く作業をしてきました。

　私が取り組んできた案件は、難しいことは金融機関の人にお任せして業務を切り捨てているイメージだったのですが、自分が思っている以上に私のしてきたことも多いと感じました。これは自分の中の大発見です。

　この本の執筆に関しては、特に日本政策金融公庫の中小企業事業の友人に、かなり早期の段階から意見や細かい部分のアドバイスをもらいました。彼との共著だと言っても過言ではないぐらい協力してくれました。また信用金庫の友人も同じく早い段階から意見をくれていて、彼が言ってくれた言葉が本文中のあちらこちらにちりばめられています。

　いろいろな人の応援と支えによって、仕事ができているんだなと、この本を通じて再認識しました。そんな感謝でいっぱいです。

　ありがとうございました！

●著者紹介

岩田　まり子（いわた　まりこ）

【略歴】

大阪にあるライオン橋税理士法人に15年勤務し、副所長を務める。
まずはやってみるという迅速な行動力と、餅は餅屋と割り切る性格が支持され、これまでに100件以上のクライアントを担当。

「会社の決算書が、どうしたら金融機関からよく見えるか」を、持ち前のトコトン追究する性格から金融機関の人間に確認。結果として銀行、信用金庫、政府系金融機関など150人以上の金融機関の友人を得る。

「企業と金融機関は対立するのではなく、手を取り合って成長していくもので、税理士こそ両者をつなぐ架け橋になる」という信念を持つ。企業のもっとも身近な相談相手であり、お金の状況も把握できている税理士が、金融機関への対応に詳しくなることでWIN-WINの融資実現をサポートする手法は、企業と金融機関双方から厚い信頼を獲得している。

同志を増やすべく、税理士はもちろん、各士業の友人も開拓中。金融機関とは定期的な交流会（飲み会）を開催し、関係の深耕を図っている。

また、中国人経営者の増加に税理士の数が追いついてない状況をなんとかしようと、中国人弁護士から中国語とともに中国文化を習い、勉強中。口座開設等、金融機関との付き合いに悩む外国人も多いため、日本人以外への対応も意識的に強化している。

「恩は3倍にして返す」がモットー。

2020年 2月 5日　初版第一刷発行
2020年 4月13日　初版第二刷発行
2020年11月22日　初版第三刷発行

税理士を代表して金融機関の友人100人に
「銀行融資」について教わってきました

著　者	©岩田　まり子	
発行者	岩村　信寿	

発行所　リンケージ・パブリッシング	〒104-0061 東京都中央区銀座 7-17-2 アーク銀座ビルディング6F TEL 03(4570)7858 FAX 03(6745)1553	
発売所　株式会社 星雲社 （共同出版社・流通責任出版社）	〒112-0005 東京都文京区水道 1-3-30 TEL 03(3868)3275 FAX 03(3868)6588	
乱丁・落丁はお取り替えいたします ISBN 978-4-434-27169-4	印刷・製本：モリモト印刷株式会社 Printed in Japan 2020	